本书系2021年度辽宁省社科基金项目（高校思政专项）"习近平总书记关于青年爱国主义的重要论述及当代价值研究"（项目号：L21BSZ001）结项成果。

光明社科文库
GUANGMING DAILY PRESS:
A SOCIAL SCIENCE SERIES

·政治与哲学书系·

新时代青年爱国主义理论和实践研究

李 凯 | 著

光明日报出版社

图书在版编目（CIP）数据

新时代青年爱国主义理论和实践研究 / 李凯著 . --

北京：光明日报出版社，2024.4

ISBN 978 - 7 - 5194 - 7956 - 5

Ⅰ.①新… Ⅱ.①李… Ⅲ.①爱国主义教育—中国

Ⅳ.①D647

中国国家版本馆 CIP 数据核字（2024）第 098758 号

新时代青年爱国主义理论和实践研究

XINSHIDAI QINGNIAN AIGUO ZHUYI LILUN HE SHIJIAN YANJIU

著　者：李　凯

责任编辑：刘兴华　　　　　　　　责任校对：宋　悦　李佳莹

封面设计：中联华文　　　　　　　责任印制：曹　净

出版发行：光明日报出版社

地　　址：北京市西城区永安路 106 号，100050

电　　话：010-63169890（咨询），010-63131930（邮购）

传　　真：010-63131930

网　　址：http://book.gmw.cn

E - mail：gmrbcbs@ gmw.cn

法律顾问：北京市兰台律师事务所龚柳方律师

印　　刷：三河市华东印刷有限公司

装　　订：三河市华东印刷有限公司

本书如有破损、缺页、装订错误，请与本社联系调换，电话：010-63131930

开　　本：170mm×240mm

字　　数：161 千字　　　　　　　印　　张：13.5

版　　次：2024 年 4 月第 1 版　　　印　　次：2024 年 4 月第 1 次印刷

书　　号：ISBN 978 - 7 - 5194 - 7956 - 5

定　　价：85.00 元

前　言

青年爱国主义的树立与坚定是世界各国均高度重视的重大问题，对于任何一个国家的安全和发展都具有非常重要的作用。新时代，青年是坚持和发展中国特色社会主义、实现中华民族伟大复兴、促进人类和平与发展的生力军、强大力量。在中华民族伟大复兴战略全局和世界百年未有之大变局的时代背景下，青年的"爱国情、强国志、效国能、报国行"对于实现中华民族伟大复兴的中国梦和构建人类命运共同体意义重大。

习近平总书记高度重视青年的爱国主义问题。习近平总书记在地方工作期间就曾指出，青年的爱国主义是推动国家、民族和社会前进的巨大力量，并结合地方工作实践，提出了众多关于青年爱国主义的思想观点。进入新时代以来，习近平总书记以"青年是党、国家、民族和世界的未来"的站位和格局，在治国理政中进一步思考和实践青年爱国主义，促进了新时代青年爱国主义理论和实践的不断发展并趋至成熟。新时代青年爱国主义理论是在积极继承马克思列宁青年爱国主义思想，中国共产党其他主要领导人的青年爱国主义思想，在创造性转化和创新性发展中华民族爱国主义优良传统的基础上，同时在深刻研判、应对当前中国青年爱国主义问题的新变化、新问题和新挑战的现实需要基础上，逐渐形成具有鲜明的中国特色、时代特征和世界气度的理论体系。

本书共分为五章，通过分析新时代青年爱国主义理论形成的时代诉求、思想渊源，总结这一理论体系的主要内容，概括这一理论体系的基本特征，挖掘这一理论体系的当代价值，从而力求系统、完整地构建这一理论体系。具体内容如下：

第一章：绪论。通过分析本书选题背景和研究意义，评述现阶段国内外的研究成果，介绍本书的研究思路和研究方法，为本书下文进一步深入研究奠定好前期基础。

第二章：新时代青年爱国主义理论形成的时代诉求与思想渊源。在分析其时代诉求的基础上，主要追根溯源其马克思列宁青年爱国主义思想的理论基石，并从中国共产党其他主要领导人的青年爱国主义思想中分析其理论来源，从中华优秀传统文化中的青年爱国主义思想分析其思想渊源。

第三章：新时代青年爱国主义理论的提出和主要内容。对新时代青年爱国主义理论的形成和发展历程进行概要总结梳理，重点从青年爱国主义"价值论"、青年爱国主义"内涵论"、青年爱国主义"教育论"、青年爱国主义"践行论"等四个方面对新时代青年爱国主义理论体系进行系统总结论述。

第四章：新时代青年爱国主义理论的基本特征。在对前文总结和概括的基础上，从思想底色和理论特色维度，分析了新时代青年爱国主义理论对马克思主义爱国主义和中华民族爱国主义优良传统的传承性和创新性相统一的基本特征；从把握客观规律和指导现实维度，分析了该理论体系理论性和实践性相统一的基本特征；从关照青年特点和培育时代新人维度，分析了该理论体系现实性和前瞻性相统一的基本特征；从家国情怀和人类情怀维度，分析了该理论体系民族性和国际性相统一的基本特征。

第五章：新时代青年爱国主义理论的当代价值。在理论价值方面，开辟了马克思列宁青年爱国主义思想的新境界，丰富和弘扬了中国共产党的青年爱国主义思想，创造性转化和创新性发展了中华民族爱国主义的优良传统，成为习近平总书记关于青年工作的重要思想的重要内容，为全球青年树立正确的爱国观提供了中国智慧；在实践价值方面，指引新时代中国青年成长成才，指导构建青年爱国主义教育新模式，助推实现中华民族伟大复兴的"中国梦"，助力中国共产党和社会主义中国树立国际新形象，指引世界青年为构建人类命运共同体作出青春贡献。

本书遵循历史和逻辑相结合、理论和实践相结合的研究方法，以历史发展为主线来梳理新时代青年爱国主义理论的发展脉络和实践做法，同时以问题为中心，将理论和实践结合起来，进行了系统的理论建构并力求增强论著的厚度、深度及其思想性、学术性。相信系统的理论体系建构有助于增强该理论体系的"说服力"，进而有助于引领广大青年增强担当民族复兴大任意识，增强做中国人的志气、骨气和底气，更加热爱伟大祖国，更加认同党的领导和中国特色社会主义制度，更加充满自信地为祖国、为民族、为人民、为人类而不懈奋斗。

目 录
CONTENTS

第一章

绪　论

进入新时代以来，随着党和国家对青年爱国主义问题的高度重视，学界关注青年爱国主义问题的热情越发高涨，新时代青年爱国主义理论和实践也日益成为学界关注和研究的热点。以习近平同志为核心的党中央高度重视青年爱国主义问题，特别是习近平总书记通过发表讲话、同青年座谈、给青年回信等方式提出了一系列关于青年爱国主义的论述，形成了一套系统全面、内涵深刻的思想体系，具体包括青年爱国主义"价值论"、青年爱国主义"内涵论"、青年爱国主义"教育论"和青年爱国主义"践行论"，这为新时代中国青年树立和坚定爱国主义精神以及做好新时代我国青年爱国主义教育提供了深刻的理论指导和明确的实践遵循。本章着重介绍了选题的研究背景和研究意义，评述了国内外对本选题的相关研究成果，介绍了本选题的研究方法和研究思路，以期为本书进一步深入研究新时代青年爱国主义理论奠定好前期基础。

第一节　选题背景和研究意义

目前，学术界围绕新时代青年爱国主义理论的一系列新思想、新观点和新论述进行了一定的挖掘和思考，形成了一些比较好的研究成果，这是我们进一步开展深入研究的背景和前期基础。但是，为完整地进行理论体系建构以更好地教育引领广大青年"厚植爱国情、坚定强国志、提高效国能、实践报国行"，仍须对新时代青年爱国主义理论进行深入、系统的研究。

一、选题背景

爱国主义是世界各国均高度重视的价值理念，对于任何一个国家的安全和发展都具有重要的价值和意义。伟大的爱国主义精神是党带领全国各族人民取得革命、改革开放和中国特色社会主义建设胜利的"精神密码"。青年是新时代坚持和发展中国特色社会主义、实现中华民族伟大复兴、促进人类和平与发展的生力军、有生力量和强大力量。培养造就一批具有深厚爱国情感、坚定强国志向、过硬爱国之能、实践报国之行的青年，是实现国家富强和民族振兴的重要事业。以习近平同志为核心的党中央赓续中国共产党"重视青年、关心青年、信任青年并支持青年"的光荣传统，在治国理政的过程中，非常注重用爱国主义的旗帜引领青年、凝聚青年、激励青年，积累了丰富的青年爱国主义实践经验，逐步形成了系统的新时代青年爱国主义理论体系。该理论体系既是对历史经验的总结，又是对现实问题的回应。相关部门有针对性地部署开展了系列青年爱国主义教育工作，确保广大青年"听党话、跟党走"，牢固树立爱国主义的理想信念，对"两个一百年"奋斗目标的实现，全面建成社会主义现代化强国的推进，起到了有力的助推作用。进一步研究新时代青年爱国主义理论，对于继续推进国家和民族的奋斗目标具有重大的理论意义、实践意义和现实意义。

习近平总书记高度重视青年对于国家和民族的重要作用，早在河北正定等地方工作期间，他就曾指出，青年的命运和祖国的命运紧密相连。进入新时代以来，每逢青年节日，习近平总书记都特别安排日程，或和青年共庆五四，或和青年热情互动，或对青年以热情寄语。除此之外，习近平总书记还通过到高校考察并与师生座谈、给不同青年群体回信的方式，对广大青年提出殷切期望，鼓励青年把人生理想融入国家和民族的事业中，"希望你们珍惜韶华、奋发有为，勇做走在时代前面的奋进者、开拓者、奉献者，努力使自己成为祖国建设的有用之才、栋梁之材，为实现中国梦奉献智慧和力量"①；"广大青年要把正确的道德认知、自觉的道德养成、积极的道德实践紧密结合起来，自觉树立和践行社会主义核心价值观，带头倡导良好社会风气"②；"希望你们弘扬奉献、友爱、互助、进步的志愿精神，坚持与祖国同行、为人民奉献，以青春梦想、用实际行动为实现中国梦作出新的更大贡献"③；"希望越来越多的青年人以你们为榜样，到基层和人民中去建功立业，让青春之花

---

① 习近平 . 给北京大学考古文博学院二〇〇九级本科团支部全体同学的回信［N］. 人民日报，2013-05-05（1）.

② 习近平 . 在同各界优秀青年代表座谈时的讲话［N］. 人民日报，2023-05-05（2）.

③ 习近平 . 给华中农业大学"本禹志愿服务队"的回信［N］. 人民日报，2013-12-06（1）.

绽放在祖国最需要的地方，在实现中华梦的伟大实践中书写别样精彩的人生"①；在党的十九大报告中，习近平总书记指出："青年兴则国家兴，青年强则国家强。青年一代有理想、有本领、有担当，国家就有前途，民族就有希望。"② 在党的二十大报告中，习近平总书记指出："广大青年要坚定不移听党话、跟党走，怀抱梦想又脚踏实地，敢想敢为又善作善成，立志做有理想、敢担当、能吃苦、肯奋斗的新时代好青年，让青春在全面建设社会主义现代化国家的火热实践中绽放绚丽之花。"③ 同时，习近平总书记高度重视爱国主义对于国家和民族的重要作用，早在河北正定工作期间，他就曾指出："爱祖国，爱家乡的高风亮节，是炎黄子孙的传统美德，是中华民族向前发展的巨大推动力量，也是建设四化、振兴正定的原动力。"④ 担任党的总书记后，他又从爱国主义和中华民族精神的关系高度提出了"爱国主义是中华民族精神的核心"⑤等关于爱国主义重要意义的论述。

综合以习近平同志为核心的党中央对青年提出的关于爱国主义的系列论述，可以得知，青年爱国主义的树立和坚定，对于国家和民族具有十分重要的意义。因此，习近平总书记强调："弘扬爱国主义精神，必

---

① 习近平. 给河北保定学院西部支教毕业生群体代表的回信［N］. 人民日报，2014-05-04（1）.
② 习近平. 决胜全面建成小康社会 夺取新时代中国特色社会主义伟大胜利：在中国共产党第十九次全国代表大会上的报告［N］. 人民日报，2017-10-28（1）.
③ 习近平. 高举中国特色社会主义伟大旗帜 为全面建设社会主义现代化国家而团结奋斗：在中国共产党第二十次全国代表大会上的报告［N］. 人民日报，2022-10-26（1）.
④ 习近平. 知之深 爱之切［M］. 石家庄：河北人民出版社，2015：70.
⑤ 习近平. 大力弘扬伟大爱国主义精神 为实现中国梦提供精神支柱［N］. 人民日报，2015-12-31（1）.

须把爱国主义教育作为永恒主题"① "要把加强青少年的爱国主义教育摆在更加突出的位置,把爱我中华的种子埋入每个孩子的心灵深处。"② 此外,习近平总书记还在欧美同学会成立 100 周年庆祝大会上的讲话中,在纪念五四运动 100 周年大会上的讲话中,直接或间接面向青年,强调了树立爱国主义精神的重要意义、爱国主义的主要内涵、爱国主义的践行路径等问题,这深刻体现了新时代中国共产党人对青年爱国主义问题的重视程度,对于引领全社会关心支持青年爱国主义教育奠定了坚实基础,营造了良好氛围。

从现实情况来看,第一,爱国主义在全球化背景下具有独特的价值和意义。当今世界是一个全球化的世界,全球化的最大特征是经济全球化。经济全球化时代,一方面,各种各样的国际组织行使了原先部分民族国家"让渡"的主权,在对国家主权有一定削弱的同时,一定程度上对爱国主义有所弱化;另一方面,经济全球化也扩大了国家间的竞争空间,加剧了竞争的激烈程度,甚至引起了各国安全感的缺失,这在一定程度上也强化了人们的爱国主义情感。而且,不同文化之间的博弈激荡也成了全球化下各民族国家面临的普遍问题。对于我国而言,"爱国主义过时论""人权大于主权""世界公民""普世价值"等西方国家推行的文化渗透对中国人民价值理念"西化"和"分化"的企图,在很大程度上侵蚀了中国人民特别是青年一代的世界观和价值观。那么,人们不免疑惑,爱国主义在全球化时代是否还具有存在的合理性?如果有,那么研究和探讨全球化时代下的爱国主义有什么价值和意义?如何

① 习近平. 大力弘扬伟大爱国主义精神 为实现中国梦提供精神支柱 [N]. 人民日报, 2015-12-31 (1).
② 习近平. 在全国民族团结进步表彰大会上的讲话 [N]. 光明日报, 2019-09-28 (2).

用正确的价值理念特别是爱国主义理念引领我们的青年一代,让青年一代成为兼具家国情怀和国际主义情怀的坚定马克思主义者?必须看到,全球化不是"民族国家的终结",民族国家依然是人们生产生活所依赖的最重要共同体,面对全球化对国家主权和民族文化的挑战,只有强大的国家主权才能应对并保障人们的生产生活。事实上,全球化没有也不可能动摇民族国家的存在根基,所以,全球化和民族国家是并行不悖的。因此,即使在全球化时代,爱国主义也丝毫没有过时,爱国主义依然是我们必须弘扬的主旋律。在这种认识之下,我们必须探索全球化时代爱国主义的意义和内涵所在,以凝聚思想、振奋精神,引领全体中国人民特别是广大青年在全球化中齐心前行,在奋斗和奉献中实现青春价值,不仅助力"中国道路"走向更加光明的前景,而且为世界和人类提供更多的中国青年智慧,贡献更多的中国青年力量。

第二,爱国主义是对各种社会思潮冲击的有力回击。在当今多元化的世界格局下,各种激荡博弈、交流交融交锋的社会思潮和文化理念对青年一代的价值判断和选择不可避免地产生着巨大影响。其中,有不少思想思潮如民族分裂主义思潮、极端个人主义思潮、历史虚无主义思潮、新自由主义思潮等和爱国主义思想相抵触,不但对中华民族爱国主义的优良传统产生了巨大冲击,更对新时代青年的爱国主义精神产生了严重的消解作用。因此,必须高举爱国主义大旗,用新时代青年爱国主义理论加强针对青年一代的爱国主义教育,解除不良社会思潮对广大青年带来的困扰,进而培养坚定、理性的爱国主义精神,将爱国之情和报国之行有机结合,并在爱国主义精神的弘扬、实践和传播方面做最为坚定者。

第三,爱国主义是实现中国梦的内在要求。爱国主义是一个历史范畴，在不同的历史时期有不同的内容。新时代青年爱国主义理论是对马克思列宁主义青年爱国主义思想、中国共产党其他主要领导人青年爱国主义思想的一脉相承和创新发展。当前，世情、国情、党情发生了重大变化，中国特色社会主义进入新时代。时代环境的变化，必然会催生新的思想，而新的思想亦须引领新的时代并能指导新的实践，同时，新的时代背景又赋予爱国主义新的内涵和特征。新时代青年爱国主义理论随着时代的发展，与时俱进地体现了传承性、创新性和时代性的统一。当前，为了实现中华民族伟大复兴中国梦的伟大目标，必然要凝聚和激发广大青年的爱国主义磅礴力量，才能更好更快地共建共圆中国梦。另外，随着中国的稳步发展和改革开放的深入进行，在"和平崛起"的道路上，爱国主义既能凝魂聚力，助力中国实现伟大梦想，又能有效地回应"中国威胁论"，阐明中国的爱国主义追求的是"保家卫国"，而不是走"开疆拓土"的殖民主义老路，这对于讲好"中国故事"，在国际上树好中国形象，为中国进一步走近世界舞台中央，为建设人类命运共同体保驾护航等均具有重要作用和意义。

总之，我们要深刻认识青年爱国主义的重要性，在实现中华民族伟大复兴的时期牢牢把握青年爱国主义建构工作的历史机遇，努力应对经济全球化、各种社会思潮等对青年爱国主义的现实挑战，高擎爱国主义的大旗，广泛凝聚共识，构筑青年一代甘愿奉献民族复兴的思想基础，为全面实现"两个一百年"的奋斗目标和中国梦提供强大的精神支持力量。

二、研究意义

新时代青年爱国主义理论是在新的时代条件下应运而生的理论体

系，同时也是新时代开展青年爱国主义教育的科学指南。本选题深刻认识到青年的重要性和弘扬爱国主义精神的重要意义，在"青年是党、国家、民族和世界的未来""爱国主义是实现中华民族伟大复兴梦的基石"这样的认识基础上，以"新时代青年爱国主义理论和实践"为主题，具有理论和实践的双重意义，主要体现在以下几个方面：

（一）理论意义

从理论研究的角度来看，首先，本选题的研究通过全面把握以习近平同志为核心的党中央关于青年爱国主义的重要讲话、批示、指示等内容，从纵向维度对新时代青年爱国主义理论的发展演变进行历史性梳理，从横向纬度对这一理论体系形成的时代诉求、思想渊源、主要内容、基本特征以及当代价值进行全面归纳，从而对于从理性层面上深刻认识和从整体上全面把握这一理论体系具有积极意义。

其次，为马克思主义的爱国主义理论宝库增添了崭新的内容。爱国主义是马克思主义理论宝库中的重要内容。无论是马克思、恩格斯、列宁等马克思主义经典作家，还是毛泽东、邓小平、江泽民、胡锦涛等中国共产党其他主要领导人，他们均高度重视爱国主义，在不同时期对爱国主义的科学内涵和时代特征、青年及青年爱国主义教育工作的重要性等内容都作出了大量而又深刻的论述。同时，马克思主义经典作家和党的其他主要领导人均高度重视青年工作，重视在青年中弘扬爱国主义精神，做好青年的爱国主义教育。新时代青年爱国主义理论是在合理继承马克思、恩格斯、列宁等马克思主义经典作家以及中国共产党其他主要领导人青年爱国主义思想的基础上，着眼于世界和国家发展大势，立足于推进中国特色社会主义事业和助力中华民族伟大复兴的宏大愿景，在传承中创新，在创新中发展，赋予了爱国主义崭新的时代意义、全新的内涵、独特的神韵和气质。它集中体现了党的十八大以来以习近平同志为核心的党中央对青年爱国主义问题的深刻认识和艰苦实践，展示了中国共产党将马克思主义基本原理同中国实际相结合的智慧、勇气和担当，在为马克思主义的爱国主义理论宝库增添崭新内容的同时，成为新的时代条件下马克思主义中国化的最新理论成果。

最后，有助于拓展思想政治工作的内容。青年的爱国主义教育工作是思想政治工作的重点内容，对青年爱国主义问题的深化与阐释能够丰富思想政治工作的内容。在新的历史时期，面对新的形势和任务，如何用爱国主义精神为我国广大青年指明方向和道路，让爱国主义思想在青年心中牢牢扎根？如何不断培养青年爱国热情，让爱国主义精神代代相传、发扬光大？如何用爱国主义精神为青年个体成长成才提供强有力的指导，进而为实现中华民族伟大复兴的中国梦凝聚更多的青年力量？新时代青年爱国主义理论是对新时代青年爱国主义问题的系统阐释和深刻解答，这一研究课题不仅对培养青年建设者和接班人，而且对培养青年一代的担当意识，还对培养维护世界和平与发展的强大青年力量等均具有重要意义。这为当前思想政治工作提供了新的思想、观点和理念指导，从深度和广度上拓展了新时代思想政治工作的内容，有助于增强新时代思想政治工作的实效性。

（二）实践意义

从实践研究的角度来看，首先，新时代青年爱国主义理论为青年的成长成才指明了方向。以习近平同志为核心的党中央对青年高度重视，特别是习近平总书记将青年爱国和提高爱国之能结合起来，指导青年做到爱国报国和成长成才的齐头并进。为此，他不但强调要引导青年"坚定理想信念、练就过硬本领、勇于创新创造、矢志艰苦奋斗、锤炼高尚品格"，①而且要积极践行社会主义核心价值观并注意在"勤学、修德、明辨、笃实"②上下功夫；既要"爱国、励志、求真、力行"③，又要"树立远大理想、热爱伟大祖国、担当时代责任、勇于砥砺奋斗、练就过硬本领、锤炼品德修为"④。新时代青年爱国主义理论中的这些重要论述，为青年的成长成才指明了方向，具有重要的实践价值。从个人角度而言，习近平总书记不仅号召全国各族人民特别是广大青年弘扬爱国主义精神，其爱国主义思想也彰显了中国共产党领袖个人的爱国情怀和责任担当，给了广大青年以榜样示范和精神引领。

其次，新时代青年爱国主义理论为做好新时代的青年爱国主义教育指明了方向。深入研究新时代青年爱国主义理论，有助于拓宽这一理论的研究视野和研究深度，对做好新时代青年爱国主义教育工作具有重要指导作用。习近平总书记在中共中央政治局第二十九次集体学习时以爱国主义为主题的讲话，是习近平在担任党的总书记后对爱国主义的集中专题论述，为我们认识爱国主义的重要意义，做好新时代的爱国主义教育指明了方向。特别是习近平总书记在视察香港澳门期间面向青年发表的关于爱国主义的系列重要讲话，不仅充分体现了以习近平同志为核心的党中央对港澳青年的殷切期望和特别关爱，更为做好港澳青年的爱国主义教育，增强港澳青年的爱国主义热情和"四个自信"作出了科学的精神指引，这对保持香港、澳门乃至整个国家的繁荣稳定具有重要的

---

① 习近平. 习近平谈治国理政：第一卷 ［M］. 北京：外文出版社，2014：50-53.
② 习近平. 习近平谈治国理政：第一卷 ［M］. 北京：外文出版社，2014：172-174.
③ 习近平. 在北京大学师生座谈会上的讲话 ［N］. 人民日报，2018-05-03（2）.
④ 习近平. 习近平谈治国理政：第三卷 ［M］. 北京：外文出版社，2020：334-337.

意义。

最后，有助于促进青年爱国主义建构的顺利开展。在爱国主义领域，不难发现，一段时间内，在现实生活中一定程度上存在着爱国和爱党、爱国和爱社会主义没有关系等错误论调。一些青年即使具有爱国主义的朴素情感，却因缺乏对爱国主义内涵的深刻把握和对爱国主义本质的深刻理解，而不能将爱国主义从"自发"升华为"自觉"，出现了口头上大谈特谈爱国，日常学习生活之中却不能将爱国体现在具体行动上的现象。甚至有一些"精日"分子的"恨国"言论，严重伤害了国人的爱国情感，给其他青年以极坏的影响。对新时代青年爱国主义理论进行深入研究，有利于从现阶段青年爱国主义的现实状况入手探索青年的爱国状况和爱国主义建构规律，为青年爱国主义建构奠定基础。

第二节　国内外研究综述

对以往研究成果的总结和把握是开展课题研究的起点。本书系统梳理了目前国内外学界对新时代青年爱国主义理论的相关研究成果，并进行了评述。同时，对这些成果的优秀之处进行参考借鉴，努力填补现有研究成果的不足，是本书开展更加深入细致研究的基础和目的。

一、国内研究综述

关于爱国主义的理论研究成果主要体现为相关专家学者的著作、硕博论文、期刊文章等。对 CNKI 中国知网全文数据库以"爱国主义"为主题词搜索进行历史考察可以发现，进入新时代后，以爱国主义为主题的理论研究成果非常丰富并且增长迅速。遗憾的是，外文文献依然较少。以上对于现有研究成果的调查说明，"爱国主义"是理论研究的热点，但是，关于"新时代+青年爱国主义"为主题的研究成果目前还较少，国外更是缺少相关研究成果。根据以上检索，对已有相关成果研究综述如下：

（一）关于青年爱国主义科学内涵的研究

对于爱国主义内涵的探讨，有利于准确地理解爱国主义，进一步继承和发扬爱国主义优良传统，是对爱国主义进行研究的核心内容，因此，对爱国主义主要内涵的研究得到了专家学者的广泛关注，形成了众多颇具代表性的学术成果。

一是结合爱国主义的基本概念，对其内涵进行论述。朱兆中认为爱国主义的内涵核心可以归结为一点，"即是对祖国利益的关心和维护"①，因为离开对祖国利益关心和维护的爱国主义，必然成为空洞无物的抽象概念。吴潜涛、杨峻岭认为："爱国主义是反映个人对祖国依赖关系的感情系统，是调整个人与祖国之间关系的行为准则体系，也是支撑民族繁荣发展的民族精神的核心。"② 管春英从七个方面总结了新时期社会主义爱国观的主要内涵，他认为，爱国既是爱祖国的河山、人民和文化，维护国家的共同利益，又是报效祖国的责任担当，还要维护社会公正，敢于坚持公理等。③ 这些研究成果，或抓住爱国主义的本

① 朱兆中. 爱国主义内涵探要［J］. 南京师大学报（社会科学版），1991（1）：35.
② 吴潜涛，杨峻岭. 全面理解爱国主义的科学内涵［J］. 高校理论战线，2011（10）：9.
③ 管春英. 新时期社会主义爱国观的内涵及培育［J］. 学校党建与思想教育，2015（19）：54-55.

质，或从多重纬度进行探讨，既深化了对爱国主义基本概念的理解，又开启了爱国主义的多重研究视角。

二是从爱国主义的历史范畴研究视角出发，论述我国不同时期爱国主义的内涵。崔健认为，20 世纪 80 年代以来，青年爱国主义观念历经了复杂的演进历程，呈现出一系列显著特征，特别是进入 21 世纪以来，随着我国进入全面建设小康社会的新时期，更随着我国综合国力的不断增强并在世界舞台上扮演越来越重要的角色，"青年的民族自信心和自豪感得到不断强化，青年爱国主义观念注入了新的时代内涵。"① 这启发我们，研究青年爱国主义的内涵要从时代背景、基本国情、国家的国际地位等多重维度进行考察，唯有此，才能在历史对比和国际比较中把握好青年爱国主义的时代特征。

三是从多学科的研究视角对爱国主义的内涵进行论述。傅晓宇、王海稳从价值论、伦理学、政治学等不同的角度阐释了爱国主义的内涵。例如，他们从认识论的角度提出："爱国主义是一个从爱国主义情感到爱国主义观念，再转变为爱国主义行为模式的由浅至深，由低到高的过程。"② 这些从不同的专业研究视角对爱国主义的内涵进行的论述，让我们认识到，爱国主义不仅是建立在一定社会物质和心理基础上的主客体价值关系的双向整合与展现，还是一个道德范畴，一种政治情感和政治规范，这为我们较为全面系统地把握爱国主义的内涵提供了有益启示，开启了多重视角。

四是对新时代爱国主义内涵的研究。众多专家学者关于新时代爱国

---

① 崔健. 转向与重构：20 世纪 80 年代以来青年爱国主义观念的演变轨迹 [J]. 西南大学学报（社会科学版），2014，40（2）：50-54.

② 傅晓宇，王海稳. 多维视野中的爱国主义内涵 [J]. 理论月刊，2004（12）：53-55.

主义内涵的研究，为我们研究新时代青年爱国主义理论的科学内涵提供了参考借鉴。佘双好、陈君认为，进入新时代以来，习近平总书记对爱国主义的基本内涵进行了系统阐述："一是必须坚持与社会主义相统一；二是必须维护祖国统一和民族团结；三是必须尊重和传承中华民族历史和文化；四是必须坚持立足民族又面向世界。"① 同样，王建国、赵亚楠也研究了进入新时代以来习近平总书记提出的众多关于爱国主义的论述，并认为这些重要论述从"本质、着力点和落脚点、坚实基础、突出使命"② 等四个方面阐明了新时代爱国主义的基本内涵。吴灿新认为，习近平总书记弘扬中华民族的爱国主义精神，把马克思主义的爱国主义思想与当代中国实践相结合，创造性地阐述了新时代爱国主义的一系列丰富内涵，并从当代爱国主义精神的"主题、特质、根本、根基和世界使命"五个方面对新时代爱国主义的内涵进行了论述。③ 荣开明也从"鲜明主题、本质特征、精神内核、着力点和落脚点、使命和担当"④ 等五个方面论述了新时代爱国主义的基本内涵。总体上，以习近平同志为核心的党中央根据新的时代特征，明确论述了新的历史时期爱国主义的时代内涵，这为我们认识和把握新时代爱国主义的基本内涵指明了方向，提供了基本遵循，这也是在对新时代爱国主义的内涵进行归纳和论述时，众多专家学者在爱国主义的"主题、本质、着力点和落

---

① 佘双好，陈君．科学认识爱国主义的内涵和特征［J］．思想理论教育导刊，2016（10）：56.

② 王建国，赵亚楠．新时代爱国主义的时代主题、基本内涵和践行路径——学习习近平总书记关于爱国主义的重要论述［J］．当代世界社会主义问题，2020（1）：5-7.

③ 吴灿新．习近平关于新时代爱国主义的重要论述略探［J］．岭南学刊，2019（1）：9-11.

④ 荣开明．新时代爱国主义的生成逻辑、基本内涵和实践路径——学习习近平总书记关于新时代爱国主义的重要论述［J］．学习论坛，2020（11）：5-12.

脚点、使命担当上"有着较为一致的认识和论述的根本原因。

五是结合"中国梦"对青年爱国主义主要内涵的研究。进入新时代以来，习近平总书记鼓励青年一代将实现中国梦与爱国主义紧密结合，指引着众多专家学者结合"中国梦"这个内涵和外延都极其丰富的概念对青年爱国主义的主要内涵进行研究。蓝汉林、钟超、闫雨露认为，青年爱国主义教育的主要内容包括："中国梦教育、中华民族历史文化教育、党史、国史教育、祖国统一和民族团结教育。"① 黄世虎、张子悦认为："新时代青年爱国主义教育其思想源泉是马克思主义爱国观，文化根基是中华民族的爱国文化传统，实践基础是国家和个人的相互作用关系。"② 对青年进行爱国主义教育的内容，同样是青年应该树立和坚定的爱国主义精神，这也从另一个角度阐明了青年爱国主义的主要内涵：青年爱国主义要坚持马克思主义的爱国观，要坚守中华民族爱国文化传统的文化根基，要在国家和个人的相互作用中打牢实践基础。

六是对新时代爱国主义理念创新的研究。很多专家学者认为，人类命运共同体理念是新时代爱国主义的理念创新，并且在人类命运共同体视野下的爱国主义教育，需要注意对激情爱国进行提升转化，要注意倡导理性爱国和开放爱国。还有研究者认为，构建人类命运共同体体现了新时代爱国主义精神的责任担当。虞崇胜认为，新的时代条件下，爱国主义要有新的评价标准和尺度，"既要坚持爱党、爱国、爱社会主义相统一，同时也要将爱国家与爱人类结合起来，特别是要把爱国主义注入

---

① 蓝汉林，钟超，闫雨露. 习近平关于青年爱国主义教育论述研究［J］. 浙江工业大学学报（社会科学版），2019，18（2）：140-141.

② 黄世虎，张子悦. 新时代青年爱国主义教育：逻辑、原则与路径［J］. 中国青年研究，2019（5）：24-26.

人类命运共同体的理念，进而树立起全球化时代的国家之爱和人类大爱。"① 从人类命运共同体视角对爱国主义进行研究，拓宽了爱国主义的研究视野，深化了新时代爱国主义的内涵，是新时代爱国主义研究的创新发展，彰显了新时代爱国主义兼具国家之爱和人类大爱的崇高之美。

（二）关于爱国主义的价值和作用的研究

爱国主义具有非常重要的价值和作用，对此，众多专家学者开展了大量的研究，形成了大量有学术价值的研究成果。首先，从国家和民族角度出发。国内学者一致认为，爱国主义对国家和民族的"薪火相传、抵御侵略、发展建设"等多方面具有重要的作用，不仅助力中华民族从贫穷走向富裕，更是在新时代为实现中华民族伟大复兴提供了不竭动力。裴艳认为，爱国主义激励引领不屈不挠的中国人民凝聚民族之魂，汇集民族之力，掀起全民族抗战，最终赢得了抗日战争的伟大胜利。其次，从政党角度出发。隋牧蓉认为爱国主义是中国共产党的精神优势，"中国共产党建党 100 年来，始终是爱国主义精神最坚定的弘扬者和实践者，中国共产党的爱国主义是最先进、最高阶的爱国主义。"② 再次，从个人角度出发。专家学者普遍认为，爱国主义是青年成长成才的精神动力和关键素养，青年无爱国之心不能成栋梁之材。而习近平总书记关于爱国主义的重要论述对指引新时代中国青年成长成才更具价值和意义。最后，从战胜重大风险的角度出发。战胜重大风险有很多因素，但

---

① 虞崇胜. 主持人语：赋予全球化时代爱国主义新内涵 [J]. 云南行政学院学报，2020 (3)：77.

② 周玲. 试析中华民族精神的价值取向 [J]. 毛泽东邓小平理论研究，2009 (3)：63.

是，爱国主义对于战胜重大风险例如新冠肺炎疫情等具有不同寻常的价值，正如章凤红、宋广强认为的："爱国主义精神是我们战胜疫情的重要法宝。"①

（三）对新时代青年爱国主义理论形成条件的研究

对某一思想理论体系形成条件的了解和把握，有助于从更宽领域和更广范围正确认识和充分理解该思想体系。以习近平同志为核心的党中央高度重视青年爱国主义问题，特别是我国进入新的历史方位，也是青年成长成才和建功立业的新历史方位，这对青年爱国主义建构工作来说是一个发展机遇。时代背景和现实情况的巨大变化与党的领导核心的高度重视，意味着青年爱国主义问题具有重要的研究价值。梳理目前学界对新时代青年爱国主义理论形成条件的研究，主要有：对青年爱国主义现实形势的研究和对新时代青年爱国主义理论形成条件的研究。

一是对国内青年爱国主义现实形势的研究。青年爱国主义面临的现实形势是新时代青年爱国主义理论的形成条件之一。代玉启经过实证调研发现，在一些青年中存在"爱国中国特有；爱国过时；空洞爱国；爱国即占据道义制高点"②等关于爱国的误区。沈东认为："当代中国'国家化'的爱国主义正遭受'个体化'青年思想观念的多维冲击，表现为全球化时代不需要爱国主义；爱国主义与爱党、爱社会主义不一致；爱国主义就是民族主义；爱国主义是个体自由选择；等等。"③在

---

① 章凤红，宋广强．重大疫情挑战下加强爱国主义教育的意义、要求及其实现路径 [J]．社会主义核心价值观研究，2020，6（2）：51.

② 代玉启．论青年思想政治教育核心内容的认知误区：青年爱国的若干误区评析 [J]．继续教育研究，2016（4）：54-55.

③ 沈东．冲击与回应：新时代青年理性爱国主义的"社会化"转向 [J]．中国青年研究，2019（5）：5.

中国走向伟大复兴的今天，这些爱国主义误区需要我们结合实际进行精准辨析，以帮助青年在认清世界大势和树立国家民族意识中明辨是非，在增加文化认同和认清自身使命中担当社会责任，坚定对爱国主义这一崇高精神的追求，进而培养理性、自觉的爱国情感和报国行为。

部分学者还从专门化角度对青年爱国主义面临的挑战进行分析。首先，从全球化角度来看。刘建军认为，经济全球化对爱国主义产生了巨大冲击，并表现在"经济、政治、文化、心理感情等"① 不同的方面。吴海江、包炜杰认为，全球化也给高校爱国主义教育带来新的机遇和挑战，并且全球化下的爱国主义教育具有"艰巨性增强，实效性减弱；开放性增强，封闭性减弱；理性化增强，盲目性减弱"② 等显著特点。其次，从社会思潮角度来看。当今世界，各种文化思潮交流交融交锋，相互激荡博弈，侵蚀着青年坚定爱国主义的思想根基。蒋笃君认为，新自由主义思潮对大学生树立正确的爱国观有着多方面的不良影响，主要是："冲击着大学生对马克思主义的信仰，干扰了大学生对走社会主义道路的信念，削弱了大学生对改革开放和现代化建设的信心，影响到大学生对中国共产党领导的信任。"③ 诸多专家学者还从不同角度，论述了历史虚无主义、"普世价值"、民族主义等思潮对青年大学生爱国主义的负面影响并提出了相应的对策建议。最后，从信息网络及新媒体角度来看。众多专家学者指出，信息网络特别是新媒体的普及，潜移默化但是又深刻地影响着青年的思维方式和价值观念，对当前青年的爱国主

---

① 刘建军. 论经济全球化时代的爱国主义 [J]. 教学与研究，2012 (4)：6.

② 吴海江，包炜杰. 全球化时代大学生爱国主义教育的话语创新 [J]. 思想理论教育，2017 (2)：53-54.

③ 蒋笃君. 新自由主义思潮对大学生的影响及对策 [J]. 思想理论教育导刊，2014 (10)：83-84.

义思想认识及爱国主义教育活动提出了新的挑战。李琼认为，由于"新媒体时代海量化信息的未经筛选和良莠不齐的属性影响爱国主义教育内容的正确性和科学性，杂乱无序、碎片化的信息影响爱国主义教育的完整性和系统性"，① 从而导致当前部分大学生的爱国情感淡薄、爱国意识薄弱、爱国行为欠缺理性。

二是对新时代青年爱国主义理论形成条件的研究。新时代青年爱国主义理论形成的条件主要包括：时代背景、理论基础和现实依据。目前，国内的专家学者探讨较多的是"中国共产党新时代爱国主义理论"，较少从"青年"聚焦研究。虽然"青年爱国主义"和"爱国主义"的内涵与外延均有着差异，但是，诸多专家学者对新时代爱国主义理论形成条件的相关论述，亦为本书聚焦青年的视角进行研究提供了参考借鉴。

赵开开、聂家华在进行相关研究时，主要从新时代背景下的中国建设和发展的需要以及必须警惕少数分子的不爱国行为等两个方面进行了分析。② 蔡中华认为："习近平关于爱国主义的重要论述是对百年未有之大变局世界图景的理性省思，是对新时代中国走向强起来的理论回应，也是爱国主义教育创新发展的强烈呼唤。"③ 韩振峰、王蓉从理论根基、历史渊源、时代呼唤三个方面分析了以习近平同志为核心的党中央关于新时代爱国主义理论的形成逻辑理路："马克思主义爱国理论和中国共产党人的爱国思想是理论根基；中华民族爱国主义优良传统是历

---

① 李琼. 新形势下大学生爱国主义教育的有效路径 [J]. 思想理论教育导刊，2017（4）：144.

② 赵开开，聂家华. 习近平新时代爱国主义思想研究 [J]. 华侨大学学报（哲学社会科学版），2018（6）：5-6.

③ 蔡中华. 习近平关于爱国主义的重要论述：时代语境、核心要义与实践要求 [J]. 社会主义核心价值观研究，2021，7（2）：33.

史渊源；当前爱国主义面临的挑战和问题是时代呼唤。"① 毕天航、马
寄研究了以习近平同志为核心的党中央关于新时代爱国主义理论的生成
逻辑，他们认为，新时代爱国主义理论"正是在对新理论新方位新要求
的把握、对新时代爱国主义面临重大问题的回应解决中孕育而生的。"②
李秀梅认为，以习近平同志为核心的党中央新时代爱国主义理论的理论
根基是马克思主义的爱国主义思想和中国共产党人的爱国主义思想，历
史渊源是中华民族爱国主义的优良传统，并且"习近平关于爱国主义
的重要论述是在中国特色社会主义进入新时代的历史方位和世界处于百
年未有之大变局的国际环境等时代背景下产生的。"③ 总体上，"新时
代""中华民族伟大复兴""百年未有之大变局"等构成了新时代爱国
主义理论形成背景研究的关键词。在新时代爱国主义理论的思想渊源研
究上，专家学者们一致认为，马克思主义经典作家的爱国主义思想是其
坚强的理论基石，中国共产党主要领导人的爱国主义思想是其直接的理
论来源，而中华优秀传统文化中的爱国主义思想是其深厚的思想渊源。
还有研究者从理论之源、文化之源、实践之源和个人之源等层面，深入
研究了新时代爱国主义理论的思想渊源，同样给本选题对新时代青年爱
国主义理论的思想渊源研究部分以良多有益启示。

（四）对新时代青年爱国主义理论主要内容的研究

对新时代青年爱国主义理论主要内容的总结概括和系统论述是本书

---

① 韩振峰，王蓉．习近平关于新时代爱国主义重要论述的形成、内容及实践路径研究
[J]．思想教育研究，2020（2）：50-51．

② 毕天航，马寄．习近平总书记关于爱国主义的重要论述探析 [J]．中北大学学报
（社会科学版），2021，37（4）：17．

③ 李秀梅．习近平关于爱国主义重要论述的多维意蕴 [J]．北京联合大学学报（人文
社会科学版），2020，18（4）：30-32．

研究的重点内容。众多专家学者对习近平总书记关于爱国主义重要论述主要内容的研究，为我们研究新时代青年爱国主义理论的主要内容提供了主要的参考借鉴。

韩振峰、王蓉从"精神内核、鲜明主题、本质特征、视野纬度"四个方面归纳了习近平总书记关于新时代爱国主义重要论述的主要内容。① 赵建波认为，习近平总书记关于新时代爱国主义重要论述可总结为五个方面的主要内容，分别是"爱国主题论、爱国精神论、爱国教育论、爱国本质论和爱国视野论"。② 李秀梅从"鲜明主题、根本立场、本质特征、根本任务、基本要求"③ 等五个方面对习近平总书记关于青年爱国主义重要论述的主要内容进行了论述。蔡中华从"价值定位、鲜明主题、重点对象、本质特征、重要特质"④ 等五个方面，归纳总结了习近平总书记关于爱国主义重要论述的核心要义。"核心要义"同样属于"主要内容"的范畴，亦为我们研究新时代青年爱国主义理论的主要内容提供了参考借鉴。

总结起来，在研究方法上，专家学者们普遍以习近平总书记关于爱国主义的讲话为依据开展文本研究；在内容划分上，专家学者们采取不同的标准，对习近平总书记关于爱国主义重要论述的内容进行分类阐释。现有研究成果不仅提供了研究方法、分类标准的参考借鉴，更为我

---

① 韩振峰，王蓉. 习近平关于新时代爱国主义重要论述的形成、内容及实践路径研究 [J]. 思想教育研究，2020（2）：52-53.
② 赵建波. 习近平关于新时代爱国主义重要论述研究 [J]. 北方民族大学学报（哲学社会科学版），2019（5）：7-9.
③ 李秀梅. 习近平关于爱国主义重要论述的多维意蕴 [J]. 北京联合大学学报（人文社会科学版），2020，18（4）：32-35.
④ 蔡中华. 习近平关于爱国主义的重要论述：时代语境、核心要义与实践要求 [J]. 社会主义核心价值观研究，2021，7（2）：34-36.

们更加深刻、透彻地把握其内容构成奠定了基础。

（五）对新时代青年爱国主义理论基本特征的研究

新时代青年爱国主义理论是产生和形成于当今时代并且作用于当今时代的思想理论体系，具有独特的基本特征。另外，从理论体系建构来说，也必须要回答清楚新时代青年爱国主义理论的基本特征这个基本而又重要的问题。众多专家学者对习近平总书记关于爱国主义重要论述的基本特征的研究，为本书对新时代青年爱国主义理论基本特征的研究提供了参考借鉴。

一些专家学者在新时代的背景下，论述了当代中国爱国主义的突出特征。刘建军认为，当代中国爱国主义具有"坚持爱国情怀、创新精神、世界眼光相结合"① 的突出特征。潘静认为，"以人民性为根本，以时代性为导向，以实践性为指向，以世界性为引领"② 是习近平总书记关于爱国主义重要论述的基本特质。一些专家学者还从时代性、实践性和系统性等方面论述习近平总书记关于爱国主义重要论述的主要特征：在时代性方面，习近平总书记关于爱国主义的重要论述赋予了爱国主义新的时代内涵；在实践性方面，习近平总书记关于爱国主义的重要论述提出了切实可行的弘扬途径；在系统性方面，习近平总书记关于爱国主义的重要论述对爱国主义进行了系统论述。还有的专家学者从继承与创新、理论与实践、民族与世界、逻辑与历史等对立统一或爱国主义与国际主义的关系中，论述了习近平总书记关于爱国主义重要论述的主

---

① 刘建军. 主题·本质·特征：学习习近平总书记关于爱国主义的重要论述 [N]. 光明日报，2016-5-19 (16).

② 潘静. 习近平关于爱国主义的重要论述：价值定位、逻辑理路与基本特质 [J]. 思想政治教育研究，2020，36 (5)：73-74.

要特征，同样为本选题新时代青年爱国主义理论基本特征部分的研究提供了主要的参考借鉴。

（六）对新时代青年爱国主义理论当代价值的研究

作为产生和形成于当今时代并且作用于当今时代的思想理论体系，新时代青年爱国主义理论具有重要的当代价值。对新时代青年爱国主义理论当代价值这个基本而又重要的问题的回答，也是构建完整理论体系的必需。国内外专家学者往往聚焦习近平总书记关于爱国主义的重要论述的当代价值进行研究，这为我们研究新时代青年爱国主义理论提供了直接的参考借鉴。

国内专家学者一致认为，新时代青年爱国主义理论具有非常重要的时代价值。王泽应在研究了习近平新时代爱国主义思想的基石、内核、特质后，认为新时代中国爱国主义思想具有"彰显当代中国爱国主义的信仰之美和崇高之美，对中华民族爱国主义传统的创造性转化和创新性发展，凸显当代中国爱国主义的国际视野和人类担当"[①] 的独特价值。赵开开、聂家华认为，习近平新时代爱国主义思想的独特价值在于："创造性转化和创新性发展了中华民族爱国主义的优良传统；凝聚民族复兴力量的精神旗帜，调动人民积极性的精神坐标；展现了民族情怀和世界担当，体现出开放的品格和自信的胸襟。"[②] 李基礼认为，要在历史与现实、个体与社会、国家与世界等多重关系中把握爱国主义的时代价值，进而提出爱国主义在"维护祖国统一和民族团结，发展中

[①] 王泽应. 习近平新时代爱国主义思想研究 [J]. 伦理学研究，2018（2）：6-7.
[②] 赵开开，聂家华. 习近平新时代爱国主义思想研究 [J]. 华侨大学学报（哲学社会科学版），2018（6）：13-14.

国特色社会主义，增强社会凝聚力，应对严峻的国际形势"① 等方面具有重要的时代价值。潘静从"国家、民族和个人"② 等三个层面，对习近平总书记关于爱国主义重要论述的价值进行了定位和论述，她认为，对习近平关于爱国主义的重要论述的正确理解，"不仅有利于明确爱国主义在社会主义核心价值观中的地位，而且有利于培养担当民族复兴大任的时代新人。"③ 李秀梅从习近平总书记关于爱国主义重要论述的"理论贡献、实践价值、现实意义和长远意义"④ 等四个维度论述了其时代价值。这些现有研究成果从不同角度和不同方面，挖掘并论述了习近平总书记关于爱国主义重要论述的时代价值，为本书对新时代青年爱国主义理论当代价值的研究提供了丰富而又深刻的参考借鉴。

二、国外研究综述

目前，国外关于本选题的相关研究，主要体现在爱国主义的基本理论、爱国主义教育以及对习近平总书记个人爱国思想及形成和其执政理念的研究。随着中国在各个方面取得飞速发展，迎来了中华民族伟大复兴的光明前景，这一逐渐"强起来"的不争事实，吸引了众多国外专家学者对习近平总书记个人爱国思想的形成及其治国理政理念的研究兴趣，特别是《习近平谈治国理政》在海外的持续热销，使得各国政党

---

① 李基礼. 新时代坚持爱国主义的若干思考 [J]. 思想理论教育导刊，2019（10）：68-69.

② 潘静. 习近平关于爱国主义的重要论述：价值定位、逻辑理路与基本特质 [J]. 思想政治教育研究，2020（5）：70-72.

③ 潘静. 习近平关于爱国主义的重要论述：基本视域、时代内涵与重大意义 [J]. 社会主义核心价值观研究，2020，6（4）：20.

④ 李秀梅. 习近平关于爱国主义重要论述的多维意蕴 [J]. 北京联合大学学报（人文社会科学版），2020，18（4）：35-36.

和研究者可以从更深层次、更广领域、更直接途径对新时代青年爱国主义理论进行研究探讨。相关成果研究综述如下：

（一）关于爱国主义基本理论的相关研究

国外专家学者主要"从爱国主义情感论、爱国主义道德论、从爱国主义和民族主义对比"等不同的角度对爱国主义进行了阐释。黑格尔认为，爱国主义从本质上是一种情感。① 美国学者亨特将爱国主义定义为"个人对国家的热爱。"② 《韦伯斯特大词典》和《简明牛津政治词典》也从爱国主义是一种对国家的热爱或保卫祖国的热情的角度进行了定义。关于"爱国主义道德论"的代表性观点，正如著名哲学家阿拉斯太尔·麦金太尔认为的，虽然爱国主义是道德的基础，但爱国主义应当是理性的，只要绝对忠诚和无条件服从而无须进行理智思考和辨别的爱国主义难以称得上是一种美德，"除了对本国的热爱之外应当对人类或者正义有着适度的爱和关切，这样的爱国主义才是真正的爱国主义。"③ 国外还有一些专家学者从爱国主义和民族主义对比上来论述爱国主义。科斯特曼和费氏白克从不同的心理学维度对爱国主义和民族主义进行了区分，他们认为，爱国主义反映了个体对自己国家的热爱、自豪感和归属感，而民族主义则通常伴随着排外倾向和支配倾向，反映了个体的国家优越感和对他国的支配感。从爱国主义和民族主义的对比上，学者对爱国主义和民族主义的一般性看法是：爱国主义是一种健康

---

① 阿德勒，范多伦. 西方思想宝库 [M]. 北京：中国广播电视出版社，1991：250.
② 亨特. 意识形态与美国外交政策 [M]. 褚律元，译. 北京：世界知识出版社，1999：220.
③ MACLNTYRE A. Is Patriotism a Virtue？[J]. Lindley Lecture, University of Kansas, Philosophy Department，1984.

的、建设性的、宽容的爱国情感，未必会导致排外倾向和支配倾向。[1]
国外一些名人对爱国主义也进行了论述，例如，托马斯·潘恩认为，爱
国者的责任就是保护国家不受政府侵犯；埃德莱 E·史蒂文生认为，爱
国主义是一种对国家的责任感，不是短暂的、狂热的情感的爆发，而是
安静而稳定的终生贡献。国外一些学者还从不同的角度，对网络爱国主
义进行了研究和探讨。例如，在《媒体与民主》一书中，约翰·基恩
提出，虽然互联网能增强国家与社会、公民的沟通顺畅力度，有利于爱
国主义的弘扬和传播，但与此同时，互联网的出现也激化了舆论主导权
和话语权的争斗，对爱国主义也会产生负面的影响。

（二）关于爱国主义教育的相关研究

在爱国主义教育方面，莫里斯·贾诺维茨在《重建爱国主义：公
民良心的教育》一书中，从爱国主义的角度出发，结合社会心理学、
教育学的理论，提出了如何实现相应素养教育的策略。很多专家学者还
聚焦美国等一些国家的爱国主义教育进行研究。有学者认为，美国没有
专门的思想政治教育，但是美国发挥了政治社会化理论的爱国主义教育
功能，来培养资本主义的合格公民，促进国民情感的形成，增强公民对
于国家的责任意识。在俄罗斯，爱国主义教育受到了普京等国家领导人
的高度重视，并把进行爱国主义教育作为国家基本道德价值建设的重要
任务。普京刚就任总统就公开强调："俄罗斯社会各个领域、所有机构

---

① KOSTERMAN R，FESHBACH S. Toward a Measure of Patriotic and Nationalistic Attitudes
[J]. Political Psychology, 1989, (10): 257-274.

和各级权力机关均肩负着神圣的使命，亟待迅速作出应对以巩固国家发展。"① 俄罗斯的专家学者在理论与实践层面对爱国主义教育进行了双重建构，并提出了"教育空间""德育空间""教育文化空间"等和爱国主义教育相关的概念。关于日本的爱国主义教育，藤田昌士在《学校教育和爱国心》一书中，介绍了"二战"前后日本爱国主义教育的历史嬗变过程，并从法律法规、学校德育课程等多个角度分析了日本爱国主义教育的目标定位、内容构成及方法途径等。

（三）关于习近平总书记执政理念的相关研究

一是对《习近平谈治国理政》的相关研究。《习近平谈治国理政》集中体现了习近平总书记的执政理念，不仅集中反映了习近平新时代中国特色社会主义思想的发展脉络和主要内容，而且包含了很多习近平总书记关于青年爱国主义的论述。美国前国务卿基辛格认为："它为了解一位领袖、一个国家和一个几千年的文明打开了一扇清晰而深刻的窗口。"② 美国外交学会亚洲研究中心主任伊丽莎白·伊科诺米认为："习近平的'中国梦'看起来很可能成为他任期内的决定因素之一。它代表爱国主义、创新和团结一致。"③ 从爱国主义的角度解读，《习近平谈治国理政》的海外热销，亦为世界认识和研究新时代青年爱国主义理论搭建了新平台，开辟了新途径。斯里兰卡外国劳务局主席维克勒马索里认为，《习近平谈治国理政》之所以在全球具有巨大影响力是因为：

---

① Послание Президента Федеральному Собранию［EB/OL］.（2001-04-03）［2020-03-03］.

② 了解一个国家及其领袖的窗口：美国书展内外热议《习近平谈治国理政》［EB/OL］. 新华网，2015-05-29.

③ 外国政要对习近平的15个评价［EB/OL］. 人民网，2014-12-05.

"这本书阐释了'中国梦'和'世界梦'的关系，使我们更好地了解了中国人民追求睦邻友好和世界大同的理想。"① 这样的评价，从另一个角度论述了当代中国的青年爱国主义，也就是新时代青年爱国主义理论——当代中国青年追求的爱国主义，是睦邻友好和世界大同的爱国主义，为我们深刻理解新时代青年爱国主义的内涵提供了比较研究视角。

二是对习近平人类命运共同体理念的相关研究。上合组织秘书长阿利莫夫说，人类命运共同体理念是超越民族国家意识形态的"全球观"，是全球治理共商、共建、共享原则的核心。② 俄罗斯科学院远东所所长卢嘉宁认为："十九大报告里极为重要的一点，就是重申了构建人类命运共同体的主张，并作了清晰明了的阐述——要建设持久和平、普遍安全、共同繁荣、开放包容、清洁美丽的世界。"③ 南非西开普敦大学国际关系学教授托伊特说："习近平主席提出的建立人类命运共同体理念反映了发展中国家的心愿，代表了时代发展趋势，是世界人民追求的目标。"④ 总体来看，近年来，国外学者对"人类命运共同体"的研究主要集中在"提出的动机研究、实践行为研究、成效与影响研究"等方面，大致沿着"动机·行为·影响"的逻辑主线展开研究，其多学科研究视角与综合性研究方法值得我们学习和借鉴。⑤ 习近平总书记

---

① 卢泽华 . 这本书，全世界都在学习 [EB/OL]. 人民网-人民日报海外版，2018-01-29.
② 常红，徐祥丽，姚雪 . 习近平提出"人类命运共同体"重大意义之二：中国方案推动全世界 [EB/OL]. 人民网-国际频道，2018-01-25.
③ 国际智库研讨会热议：中国发展将深刻影响世界 [EB/OL]. 人民日报海外版，2017-11-17（2）.
④ 柯岩 . 外国政要和媒体眼中的习近平：人类命运共同体理念反映了发展中国家的心愿 [EB/OL]. 人民网，2016-01-07.
⑤ 宋婧琳，张华波 . 国外学者对"人类命运共同体"的研究综述 [J]. 当代世界与社会主义，2017（5）：198-208.

提出的人类命运共同体理念是和新时代青年爱国主义理论密切相关的重要内容，体现了当代中国爱国主义民族性和世界性的统一，具有深远的国际视野和崇高的人类情怀。国外专家学者对人类命运共同体理念的赞扬和研究，就是对新时代青年爱国主义理论的深刻认识和高度认可，这同样为本选题的研究提供了重要的参考借鉴。

三、研究现状评述

总的来说，国内外关于本选题的研究成果内容丰富，其中不乏视角新颖的研究成果，所阐发的思想内容具有非常重要的学术价值和借鉴意义，为本书的研究开启了思路，提供了参考借鉴。但是，进一步对这些研究成果进行整体梳理发现：

（一）国内研究成果尚存不足

一是现有研究成果不够系统。虽然习近平总书记就青年爱国主义问题发表了一系列重要讲话，但是专家学者们整体上集中于对讲话的某一具体方面开展研究，缺乏深入、系统的研究。例如，张小枝、王泽应《习近平新时代爱国主义及其理论贡献》一文，总结梳理了习近平总书记爱国主义思想的主要内容，论述了习近平总书记爱国主义思想的理论贡献与历史地位，并提出了以习近平爱国主义思想培育当代爱国主义精神的对策路径，但是却缺乏对本理论体系的整体性建构和连贯性论述。

二是本思想的理论研究成果较少。目前学界虽然对爱国主义进行了较为深入的研究，但多是和"爱国主义教育"相关，对于新时代青年爱国主义理论涉及较少，暂时没有系统研究新时代青年爱国主义理论的博士论文和专门著作。已有的研究成果也主要是解读习近平总书记系列重要讲话，解读相关会议报告等，或从某一个方面或较为全面地来进行习近平总书记关于爱国主义的重要论述阐述，抑或把习近平总书记的青年爱国主义思想作为研究主题的一个部分进行阐述分析。这虽然和新时代青年爱国主义理论研究相关，为本书的研究奠定了较好的前期基础，但是仍然可以说，国内研究者对新时代青年爱国主义理论研究仍然处于刚起步阶段，还未有全面、深入和系统的研究。

三是研究的范围领域不够全面。虽然近年来，特别是庆祝新中国成立 70 年后，对新时代青年爱国主义理论的研究已经成为学界研究的热点并形成了一定的学术成果，但是现有的研究成果没有达到范围广、领域全、视角广等理想状态。新时代青年爱国主义理论的概念界定和主要内容归纳等最基本的学理性问题还没有形成学界共识，新时代青年爱国主义理论的基本特征和当代价值等重要问题也有待深入挖掘和阐释。

（二）国外研究成果相对匮乏

由于本书选题定位于新时代青年爱国主义理论和实践研究，国外专家学者对此不具备研究的天然优势，也缺乏相关的研究积累和研究条件，因此，国外学界还暂未专门对新时代青年爱国主义理论进行深入研究。但是，一些直接或间接的相关研究成果亦为本书的研究提供了一定的参考借鉴。

一是国外专家学者及名人对爱国主义的阐述，为我们理解爱国主义的内涵提供了诸多参考和借鉴。在研究视角方面，国外专家学者们的研究领域主要集中在社会心理学、教育学、传媒学等方面，与本主题涉及的研究方向有某些相同之处；在研究特点方面，国外学者也经历了从简单的宏观性概念描述，到逐步向理论化和深入化方面的研究过程，提出了许多有借鉴价值和意义的思想观点，这些都为本书进行相关研究奠定了较好的研究基础，拓展了研究思路和研究视角。

二是国外专家学者关于爱国主义教育的研究成果较多，其中，关于爱国主义教育的理论认识和实践做法，为本书研究爱国主义教育的功能、定位、路径等问题提供了有益的参考借鉴。

三是国外政要及专家学者对习近平总书记个人爱国思想及形成的研究和评价启发我们，研究新时代青年爱国主义理论，要研究领导核心个人其思想的形成所受到的家风家教影响，特别是习近平总书记受到父亲习仲勋的重要影响等。

（三）本书研究的聚焦点

通观国内外现有研究成果发现，目前本选题处在相关研究的前列，具有一定的新颖性。在梳理总结和参考借鉴国内外学界现有研究成果的基础上，本书努力聚焦开展以下研究：

一是注意对新时代青年爱国主义理论进行整体研究。新时代青年爱国主义理论是指导我国新的历史条件下青年爱国主义建构的理论与实践指南，要充分发挥其理论价值，需要加强整体性研究。为此，本书将力求改变零散化研究的现状，较为系统地总结梳理习近平总书记在各个场合有关青年爱国主义的讲话内容，以期把握其整体精神意蕴，更好地指导青年爱国主义精神养成的实践。

二是着力研究新时代青年爱国主义理论的历史演进。新时代青年爱国主义理论体系的发展乃至成熟，绝不是一个突然迸发的过程，有必要用历史和逻辑相统一的方法，对其历史演进情况进行科学、深入的研究。

三是着力研究青年爱国主义的新理念、新思想、新观点及其当代价值。在新时代的背景条件下，习近平总书记以"青年是祖国的未来、民族的希望，也是党的未来和希望"的站位和格局，以既有民族情怀又有国际视野的高度，对青年为什么要坚定爱国主义，青年爱国主义的主要内容，青年爱国主义的践行路径等进行了系统的论述，有效地回应和解决了当前我国青年爱国主义面临的新挑战和新问题。基于此，本书希望立足于前人研究基础，深入解读与研究习近平总书记对青年爱国主义提出的一系列新论述，丰富该思想体系的理论内涵并对该理论的建构工作作出新的尝试。同时基于理论价值和实践价值两个部分，着重挖掘其当代价值，进而对新时代青年爱国主义理论这一理论体系的价值意蕴进行完整且充分的展示。

第三节　研究思路与方法

一、研究思路

目前，虽然学界以"爱国主义"为主题开展了诸多探讨，形成了大量的研究成果，为本书的研究提供了宝贵的参考和有益的借鉴，但是由于"新时代青年爱国主义理论"还是一个相对崭新的研究课题，学界对这一课题的研究时间尚短，其相关研究还处于初级阶段，研究成果也有待进一步扩大。本书在评述国内外研究基础、确定研究方法、界定基本概念的基础上，主要从新时代青年爱国主义理论的思想渊源、演进历程、主要内容、基本特征与当代价值等几个部分着手，对新时代青年爱国主义理论体系进行深入研究，以期构建系统的理论体系。

二、研究方法

文献研究法。通过搜集和分析相关历史文献，特别是习近平总书记关于青年爱国主义的相关论述以及学界相关研究成果等文献资料，对其进行梳理、总结和归纳。力求通过精细的文献研究，形成具有内在逻辑的、系统的新时代青年爱国主义理论体系。例如，在研究思想渊源部分时，运用文献研究法，既注意研究马克思主义经典著作如《马克思恩格斯选集》《列宁选集》等相关文献，也注意研究中国共产党其他主要领导人的经典著作如《毛泽东选集》《胡锦涛文选》等相关文献。

逻辑与历史相结合。正确理解和深入认识新时代青年爱国主义理论，必须把它放在历史发展的进程中去考察，既要尊重历史发展的动态描述，也要注重逻辑机理的科学归纳与整理。只有将逻辑与历史的方法结合起来，才能研究好新时代青年爱国主义理论体系。新时代青年爱国主义理论是与时俱进的理论成果，坚持发展了马克思列宁青年爱国主义思想，丰富并完善了中国共产党的青年爱国主义思想，批判继承了中华优秀传统文化中的爱国主义思想，实现了理论体系的历史演进。其青年爱国主义"价值论"、青年爱国主义"内涵论"、青年爱国主义"践行论"等逻辑递进问题构成了新时代青年爱国主义理论主要内容的逻辑理路。

理论与实践相结合。新时代青年爱国主义理论是马克思列宁主义爱国主义思想与中国具体爱国主义实践相结合的产物，对其进行研究，不能简单地就理论谈理论，而要把理论与具体的现实及历史条件结合起来。本书在结合现实状况的基础上，详细分析了新时代青年爱国主义理论的时代诉求和思想渊源等内容，力争归纳总结出新时代青年爱国主义理论的科学体系，并探讨新时代青年爱国主义理论的理论价值和实践价值。

第二章

新时代青年爱国主义理论形成
的时代诉求和思想渊源

要全面理解和准确掌握新时代青年爱国主义理论，就必须了解其形成的时代背景和时代诉求，必须注重对马克思、恩格斯、列宁、中国共产党其他主要领导人关于青年爱国主义的相关论述和中华优秀传统文化中爱国主义的优良传统等新时代青年爱国主义理论的思想渊源进行归纳梳理，这是后续更好地开展新时代青年爱国主义理论研究所必须具备的工作前提。

第一节　新时代青年爱国主义理论的相关概念

在对新时代青年爱国主义理论形成的时代诉求与思想渊源进行研究之前，本书首先对"青年及其使命""爱国主义与青年"和"青年爱国主义的时代特征"这几个新时代青年爱国主义理论的相关概念进行研究和探讨。

一、青年

对于"青年"基本概念的研究，心理学、社会学、人类学等不同的学科从不同的专业角度，提出了多种关于青年的概念。例如，有研究者从身心发展、进入社会情况以及社会关系的建立情况提出："青年是处于从少年过渡到成年的这个年龄阶段的人。"① 也有研究者甚至认为，有上下五千年历史的中国对青年的认识却极不发达，没有独立的青年概念。对青年这个概念仔细考察发现，古今中外均有关于青年的相关论述。在古代西方，古希腊著名学者亚里士多德将人生划分为"青年、成熟期、老年"三个阶段；在古代中国，春秋时期的孔子已有对人生"少、壮、老"三阶段划分的明确论述。随着人们对青年这一概念认识的发展，现代人们又提出了人生五阶段论："幼年、少年、青年、中年、老年"。

一般来说，对于青年和非青年，主要是从年龄上来进行划分区别的。对青年的年龄范围划分有不同的标准，世界卫生组织、联合国教科文组织、中国国家统计局等各有界定。世界卫生组织在 2017 年时将青年年龄范围界定为 15-44 周岁，凡是处在大于 15 周岁又小于 44 周岁的人都被认定为青年。类似的，联合国教科文组织界定的青年年龄范围是16-45 周岁，中国国家统计局界定的年龄范围是 15-34 岁，中国共青团界定的年龄范围是 14-28 岁，青年联合会界定的年龄范围是 18-44 岁，港澳台地区界定的年龄范围是 11-24 岁，而新中国历史上第一个《中长期青年发展规划（2016—2025 年）》，从我国青年发展的实际情况，

---

① 国家教委思想政治工作司.青年学概论［M］.北京：高等教育出版社，1992：55.

对青年的年龄范围界定为 14-35 周岁。

这些关于青年年龄界定的范围均有一定的合理性，虽然让人莫衷一是，但从客观事实上来说，也确实难以找到一个统一的标准来对青年的年龄范围进行统一界定。本书研究的重点不在于对青年概念的辨析或对青年年龄的划分范围界定，而在于结合马克思的青年观，对青年群体的爱国主义进行探讨和研究。

19 世纪中叶，马克思、恩格斯在其著述中多次使用"青年"这一概念并给出了对于青年的本质界定：一般地处于成长发展阶段的社会的人。马克思主义经典作家高度重视青年的历史作用、高度关注青年健康成长，他们在《革命青年的任务》《青年团的任务》等文献中对青年作出了诸多论述，形成了具有鲜明阶级性、革命性和时代性的马克思主义青年观。例如，关于青年的地位作用，马克思、恩格斯认为："青年是社会变革的依靠，青年是'人民生命的源泉'，工人阶级和人类的未来取决于青年"[①]；同时，马克思、恩格斯也看到了青年"政治幼稚、理论不成熟"[②] 等缺点与不足。

中国共产党在领导广大青年投身中国革命、建设、改革、实现中国梦的伟大实践中，形成了既一脉相承又与时俱进的"党管青年"的优良传统，充分体现了马克思主义政党始终关心、关注、关爱青年，始终代表、信任、依靠青年的阶级本性。就本书研究范畴来讲，就是要用新时代青年爱国主义理论教育引领当代广大青年，让青年明确自身的责任和使命，即在党的领导下，争做民族复兴先锋，为国家和人民建功立

---

① 白显良，黄蓉生. 马克思恩格斯的青年思想及其当代启示［J］. 西南大学学报（社会科学版），2013，39（5）：39-40.

② 白显良，黄蓉生. 马克思恩格斯的青年思想及其当代启示［J］. 西南大学学报（社会科学版），2013，39（5）：42-43.

业，为世界和人类发展作出贡献。

二、爱国主义

国内外专家学者对爱国主义的概念界定及对其内涵进行的全方位和多角度的解读，为做好本书研究奠定了良好基础。青年要坚持马克思主义关于爱国主义的基本观点，明确爱国主义的基本内涵，在中国特色社会主义进入新时代，在深刻认识和把握"两个大局"的大背景下，来全面认识和准确把握"爱国主义"。

第一，坚持马克思主义关于爱国主义的基本观点和根本立场。对于爱国主义，马克思、恩格斯并没有给出明确的定义，但是他们在对阶级、民族、国家以及无产阶级历史使命的诸多论述中，展现了朴素的爱国主义情怀，体现了鲜明的爱国主义立场和基本的爱国主义观点。马克思主义经典作家关于爱国主义的基本观点和无产阶级的根本立场，为青年正确认识爱国主义指明了方向。

第二，明确爱国主义的基本内涵。我国具有爱国主义的优良传统，在历史文化的发展中，"国"字可以解读为用武器保卫的家园，并且"爱国"一词有着悠久的历史渊源。《战国策·西周策》就有"周君岂能无爱国哉?"① 的记载，《汉纪·惠帝纪》中也有"爱国如家"的记录。国内的专家学者更是从不同的角度对爱国主义进行了众多阐释和解读。例如，吴潜涛从"情感、思想、行动"等三重维度阐释了爱国主义的内涵："爱国主义就是热爱祖国的情感，忠诚于祖国的思想和报效祖国的行动有机统一的整体。"② 佘双好从"爱国主义和社会主义的关

---

① 左丘明. 中国史学要籍丛刊 [M]. 上海：上海古籍出版社，2015：29.
② 吴潜涛. 爱国主义精神是公民道德建设的旗帜 [N]. 中国教育报，2004-10-28.

系、精神层面、历史发展层面、国家和人民根本利益等多个层面"① 阐明了爱国主义的内涵，这些都指引着青年更加深入地认识爱国主义的内涵。一般来说，青年要认识到，爱国主义的基本内涵包括："爱祖国的大好河山，爱自己的骨肉同胞，爱祖国的灿烂文化，爱自己的国家。"②

第三，认清爱国主义和民族主义的区别。爱国主义和民族主义在一定条件下是同义的，爱国主义是一种情感、思想观念和觉悟，更是一种行动；民族主义是对一个民族的忠诚和奉献，当与国籍意识一致，则发展为爱国主义。爱国主义和民族主义又是有区别的，特别是和狭隘的民族主义有着本质的区别。爱国主义在对国家积极认同与对同胞特殊关切的同时，并不排斥或贬抑他者；而狭隘的民族主义则认为自己的民族比其他民族优越，特别强调促进和提高本民族文化和本民族利益，以抵抗其他民族的文化和利益。爱国既需要激情，更需要理性，一个理性的爱国青年，既爱自己的国家，也能欣赏其他国家的文明和文化；对民族主义来说，只有对他者贬抑，才能对自身积极认同，而狭隘的民族主义则更是非理性的，甚至会表现为盲目排外、狭隘自私，这正是爱国主义和民族主义特别是和狭隘的民族主义的主要区别。

第四，把握爱国主义和国际主义的辩证统一。从理论和实践上来看，马克思主义倡导的国际主义，建立在揭露和批判资产阶级国家狭隘的爱国主义基础上。青年必须在马克思主义基本原理的指导下，把握不同历史条件下爱国主义与国际主义的辩证关系：在资本主义国家，国际主义是取得国内革命胜利进而实现无产阶级爱国主义的首要条件；在社

---

① 余双好. 正确理解爱国主义及其特征［J］. 思想理论教育导刊，2003（1）：48.

② 《思想道德与法治（2021年版）》编写组. 思想道德与法治［M］. 北京：高等教育出版社，2021：75.

会主义国家，只有当稳固的无产阶级政权保障国家日益强大时，才能为履行国际主义义务提供现实条件，因此，爱国主义是国际主义的前提。① 中国共产党继承和发扬了马克思主义关于爱国主义和国际主义的辩证统一思想，新时代青年爱国主义理论，追求的中华民族伟大复兴目标，不仅仅是要提高本国人民群众的幸福感，而且倡导构建人类命运共同体，促进世界的和平与发展，是新时代爱国主义和国际主义辩证统一的典范，较之当前美国和西方国家掀起的逆全球化潮流，如奉行"美国优先""关门主义""孤立主义"等举措，格局尤其宏大，境界特别崇高，云泥立判。

那么该如何正确认识、理解爱国主义呢？在马克思主义爱国主义思想的指导下，在把握爱国主义的"阶级性、复杂性、政治性、层次性、开放性"等基本特征的情况下，当代中国青年要深刻地认识到：当前，中国特色社会主义进入新时代，世界面临百年未有之大变局，爱国主义也因为时代的变迁而呈现出崭新的内涵。要从世界文明发展史、中华民族文明发展史、近代以来中国 180 多年的斗争史，以及中国共产党成立百余年来的奋斗史和社会发展的不同阶段，从中国共产党人对爱国主义不断深化发展的思想脉络中，从正确认识爱国主义与中华民族精神的关系、与民族主义的区别、与国际主义的辩证统一、与社会主义的密切联系中，来全面认识和准确把握"爱国主义"的主题、本质和特征。

三、青年爱国主义

青年除具有马克思主义人本理论所揭示的一般属性外，还具有因其

---

① 沈夏珠. 爱国主义与国际主义：马克思主义的理论视角［J］. 南京政治学院学报，2017，33（3）：72.

年龄阅历等产生的特殊属性。因此，青年爱国主义，既具备爱国主义一般本质特征，又具有独属青年的爱国特征。就青年爱国主义与爱国主义的关系而言，总体上是一种共性和个性的关系：青年爱国主义首先是一种爱国主义，然后才是青年的爱国主义。基于此，将青年爱国主义定义为：青年群体关于爱国主义的情感表达、理性认知、价值观念、行为表现等。那么，青年爱国主义和一般意义上的爱国主义有什么不同吗？青年爱国主义具备爱国主义的一般特征，同时，因为青年的心理、生理、行为等特点的不同，青年爱国主义又具备了独特的内涵和时代特征：

一是青年爱国与否影响重大。青年是祖国的未来，也是世界的未来，不但要为国家和民族作出贡献，也要为世界和平与发展发出中国青年的声音，作出中国青年的贡献。同时，青少年阶段是人生的"拔节孕穗期"，最需要精心引导和栽培，因此，要加强对青年的爱国主义教育。青年也要自觉培养爱国之情、砥砺强国之志、提高效国之能并在日常学习生活中实践报国之行。

二是青年具有强烈的爱国热情。青年有冲劲，有激情，敢为天下先，对事物充满着新奇和探索欲，因此，青年尊崇践行的爱国主义往往引领时代潮流。同时，因为青年正处于生理和心理的发育成熟期，易于冲动，因此，要在培育青年爱国主义情感的同时，加强理性爱国教育，让青年的"爱国自发"转化为"爱国自觉"。

三是青年处在最佳的爱国时期。当代中国青年既生逢盛世，又肩负重任。青年渴望成长成才和建功立业，因此，要在关心爱护青年，为其搭建人生出彩平台的同时，提高青年爱国主义的精神境界，要给予其正确的爱国价值观教育引导，引导其在奉献祖国、服务人民中实现人生价值。

四是要注意引导青年提高爱国之能。青年人正处于学习的黄金时期，因此，要注意引导青年践行爱国主义的同时提高"爱国之能"，要求得真学问，练得真本领，并走在创新创造的前列，才能为国家和民族作出更大的贡献。

党的十八大以来，以习近平同志为核心的党中央深刻把握中华民族伟大复兴的全局和世界百年未有之大变局，提出了中国梦的伟大梦想。为了激发广大青年的磅礴爱国力量，助力实现中华民族伟大复兴，习近平总书记提出了一系列关于青年爱国主义的新理念、新思想和新举措，形成了新时代青年爱国主义理论。新时代青年爱国主义理论内涵丰富、思想深刻，科学地回答了青年为什么要爱国、青年爱国主义的时代内涵、青年爱国主义的实践路径等核心问题，丰富了马克思主义爱国主义的理论宝库，深化了对爱国主义的理论认识，对于当前我国凝聚广大青年的爱国力量，巩固党的执政基础，全面建设社会主义现代化国家，实现中国梦并为世界和人类作出中国贡献等具有十分重要的指导意义。

第二节　新时代青年爱国主义理论形成的时代诉求

理论是对现实问题的回应和时代的产物。研究新时代青年爱国主义理论必须放在相应的时代背景中予以考察，这对于我们深化理解其内涵和特征等具有重要的意义。当今世界的主题仍然是和平与发展，怎么样维护和平？怎么样取得发展？伟大的时代呼唤伟大的理论，同样，时代也在对理论提出挑战和要求。我们要在理论的指导下满足时代之需、回答时代之问、引领时代前行。新时代青年爱国主义理论正是回答了

"凝聚青年要求、实现中国梦必须、经济全球化挑战、和平崛起需要"的科学理论。

一、筑牢中国共产党执政青年群众基础的政治需要

中国共产党一经成立，就确立了以中华民族的利益为最高利益的崇高追求和以共产主义为远大理想的崇高目标，领导全国各族人民，特别是在广大青年的贡献下，建立新中国，经过"三大改造"，确立社会主义制度，创立社会主义初级阶段理论，探索适合中国国情的发展道路，走上了中国特色社会主义道路。"中国特色社会主义"在经济体制上以公有制为主体、多种经济成分共同发展；在政治上坚持党的领导（无产阶级专政），代表最广大人民群众的根本利益，使人民不断实现人的自由而又全面的发展；在分配上以按劳分配为主、多种分配方式并存，社会保障制度稳步推进；在文化上，坚持马克思主义的指导思想，用共产主义远大理想教育激励广大人民，不断提高人民群众的精神境界。"中国特色社会主义"是正如邓小平指出的"解放生产力，发展生产力，消灭剥削，消除两极分化，最终达到共同富裕"① 的伟大实践，科学地坚持了马克思主义，发展了马克思主义，是坚持和发展马克思主义的统一，因而是社会主义的本质。"中国特色社会主义"实践至今，取得了"世界第二大经济体、国际政治经济新秩序的推动者、人民民主权利和生活水平的提升、各民族的团结、社会的安全稳定、社会主义文化的极大繁荣"等伟大成就。这一切伟大成就，离不开中国共产党的领导，并雄辩地证明了党的领导与中国特色社会主义具有不可分割的内

---

① 邓小平.邓小平文选：第三卷［M］.北京：人民出版社，1993：373.

在关联性，更雄辩地证明了作为中国特色社会主义道路的开辟者，中国共产党不仅是中国特色社会主义制度的最大优势，更是中国特色社会主义最本质的特征。

青年是党和国家的未来，是党长期执政的重要基础。如何将青年凝聚在爱国主义的旗帜下，听党话、跟党走，这是一个关乎中国共产党执政群众基础的大问题。五四运动百余年来的历史证明，党同青年血脉相连，青年也形成了不忘初心坚定跟党走的光荣传统。新时代，不忘初心坚定跟党走更是青年的责任和使命。青年爱国，就必须要爱党。然而，以美国为首的西方发达资本主义国家及反动势力恶意散布"共产主义虚无缥缈"论、资产阶级自由化思潮、历史虚无主义思潮等西方意识形态，冲击着青年对于爱国主义的认同感。如果任其肆意传播，会误导青年使其否定甚至诋毁党的领导，影响青年牢记嘱托听党话，坚定信仰跟党走，进而使青年割裂爱国和爱党的关系，严重腐蚀党执政的青年群众基础，有颠覆社会主义国家政权的危险。在这样的背景下，必然要研究"用什么样的爱国主义去凝聚青年"这样关乎培养社会主义建设者和接班人的重大问题，这是筑牢党长期执政青年群众基础的政治需要，是决定党生死存亡的大问题，我们一定要提高警惕，倍加重视，用以爱国主义为核心的民族精神去抵抗冲击，筑牢广大青年的爱国爱党爱社会主义的思想基础。

二、实现中国梦凝聚青年力量的现实需要

"青年强则国家强"，青年是建设社会主义现代化强国、实现中华民族伟大复兴中国梦的主力军，必须用爱国主义的壮美旗帜凝聚广大青年的爱国力量，发挥主力军的作用。历史证明，在党的领导下，无论是

在革命建设时期，还是在改革开放时期，广大青年始终忘我劳动、艰苦创业、开拓奋进、锐意创新，始终担负着生力军和突击队的重任。如今，中国如期完成第一个百年奋斗目标，顺利地迈向了建设社会主义现代化强国的新征程，站在了离中华民族伟大复兴最近的历史时期。新征程和新任务要求必须做好针对青年的爱国主义教育工作，让青年树立并坚定爱国主义的精神信念，为中国梦的实现提供强大的精神动能。广大青年弘扬优良传统，一直都在中华民族伟大复兴的征程上奔跑追梦。考量中国梦的国家梦想和青年梦想之间的关系，我们知道：中国梦是国家的梦，是人民的梦，更是青年的梦。中国梦的实现，为青年梦想的实现搭建了平台；青年梦想的实现，助力中国梦更加辉煌灿烂。因此，青年要更加坚定、理性、自觉地为实现中国梦作出自己最大的贡献。一方面，这既是青年生于斯长于斯，生而为中国人的责任和光荣、使命和担当；另一方面，凝聚青年的爱国力量也是实现"中国梦"的必然要求。因为，"中国梦是我们这一代的，更是青年一代的"①，这既是当代青年责无旁贷的使命，也是建功立业的大舞台。一是青年将全程参与中华民族伟大复兴中国梦的历程。当代青年生逢其时，因为当代青年面临的时代是近代以来中华民族发展的最好时代。正如习近平指出的，千千万万个当代青年将全过程参与实现"两个一百年"的奋斗目标。对于青年来说，这是多么难得的人生机遇啊！而听了习近平总书记的勉励，有志青年都会为有这样美好的未来而心潮澎湃、豪情满怀。二是青年要把个人理想融入中国梦的伟大理想之中，成为能担当民族复兴大任的时代新人。当代青年重任在肩，因为当代青年面临的时代，也是实现中华民族

①　习近平．决胜全面建成小康社会 夺取新时代中国特色社会主义伟大胜利——在中国共产党第十九次全国代表大会上的报告［N］．人民日报，2017-10-28（1）．

伟大复兴的最关键时代，可以说，面临的任务从未如此艰巨和复杂，需要青年树立爱国之情，坚定爱国之志，提升爱国之能，践行爱国之行，把个人理想融入中华民族复兴中国梦的伟大理想之中，持续艰苦奋斗，练就过硬本领，扎根人民，奉献国家，用实际行动，成为担当民族复兴大任的时代新人。

三、应对全球化多重影响的理性省思需要

全球化肇始于 16 世纪，在 20 世纪 80、90 年代发展尤为迅猛，时至今日，尽管逆全球化思潮持续发酵，贸易保护主义、单边主义有所抬头，甚至出现了英国脱欧这样的事实，但全球化是历史大势，其中具有决定意义的经济全球化更是不可阻挡、不可逆转的时代潮流，它深化了全球的普遍交往，促进了"世界历史"的形成和发展。正如习近平总书记曾强调的，任何逆全球化的动向都无法阻挡全球化大潮。

在马克思主义"世界历史"理论的指导下，对全球化的辩证认识是：全球化带给我们快速发展的同时，也带给我们许多消极影响。当代全球化是资本主义主导的世界现代化进程，并且经济全球化具有"双刃剑"性质，因为全球化的发展，让世界各国、不同民族和个人受益的同时，也给人们的经济、政治、文化、公共事务等带来了深刻的影响，甚至一些发达资本主义国家利用其政治、文化等方面的优势，对其他国家进行文化侵略等，这必然对欠发达国家青年的爱国主义造成巨大冲击。主要体现在：一是淡化青年的国家观念。有人认为，经济全球化的背景下，世界是以地球村的形式存在的，不宜再在青年中倡导爱国主义，因为这会走向狭隘的民族主义，应该倡导爱世界、爱地球的价值理念。显然，这种倡导会淡化青年的国家观念。二是冲击青年的爱国主义

教育方式。经济全球化下，社会的分化和融合趋势加深加快，各国相互影响相互依赖程度加深，局部的动荡影响着世界的安宁，因此，青年爱国主义教育面临的不利风险和突发挑战加剧，必然会对青年的爱国主义教育方式方法和手段等形成挑战。三是削弱青年的爱国主义认同感。经济全球化下，国际组织大量涌现，甚至部分替代了传统民族国家的职能，这会让青年错误地认为，世界各国各民族融为一体，一个无形的世界政府正在形成，那么民族国家就没有存在的必要了，既然如此，爱国主义还有什么存在的意义呢？可见，这种错误认识会削弱青年的爱国主义认同感和民族文化认同感，瓦解青年的民族独立意识。

面对经济全球化与爱国主义的复杂矛盾，我们必须认识到，一方面，经济全球化会削弱民族国家的爱国主义。可能许多西方学者会歌颂全球化这种趋势，西方资本主义国家会鼓励并促进这种趋势，有些人甚至预言民族国家"即将消亡"。但是第三世界国家因为在全球化进程中处于非主导的弱势地位，从而更加需要在经济全球化过程中高举爱国主义大旗以维护国家利益，这在另一方面反而会促进爱国主义的发展。在这个复杂的矛盾中，我们必须认识到：我国是第三世界国家的定位没有变，处于社会主义初级阶段的发展阶段没有变，仍然是一个发展中国家的基本国情没有变，因此，我们仍然要积极构建并弘扬具有中国特色的青年爱国主义思想体系，以有效应对全球化对我国青年爱国主义思想根基的侵蚀，维护国家和民族的核心利益。

从本书研究主题来看，党和国家在构筑新时代青年爱国主义理论时，必然要考虑到全球化特别是经济全球化对青年爱国主义思想观念的影响，其论述必然要遵循"世界怎么了？中国怎么办？该怎么样构建中国的青年爱国主义思想理论体系以应对全球化特别是经济全球化对青年爱国主义的挑战和冲击？"等逻辑思路。实际上，以习近平同志为核心的党中央在论述青年爱国主义时，深刻地考虑了全球化特别是经济全球化对爱国主义的冲击和挑战，一方面倡导在青年中大力加强爱国主义教育，另一方面，积极顺应全球化对爱国主义的影响，倡导立足于民族、面向于世界的爱国主义，不但激发了青年热爱祖国、建设祖国的热情，而且极大地调动了中国青年为构建人类命运共同体奉献青春之力的积极性和创造性。

四、保障和平崛起推动合作共赢的发展需要

毋庸置疑，中国共产党领导中国人民取得从"跟随世界"到"引领世界"的崛起过程，是一个和平崛起的过程，更是一个与世界合作共赢的过程。这个和平崛起与合作共赢的过程靠的是党的领导，靠的是社会主义制度的优越性，而蕴含其中的精神支撑则是中国人民伟大的爱国热情——爱国主义，这其中，中国青年的爱国主义更是作出了突出贡献。

当前，从国内来看，我国在决胜全面建成小康社会之后，如期迈向了全面建设社会主义现代化国家的新征程。然而，正如历史上任一大国的崛起一样，我国的崛起同样面临着复杂的世情、国情和社情，前进的道路上，任务依然艰巨，风险依然难测，需要更加和谐、稳定的国内环境支撑国家综合实力的稳步提升。从国际上来看，随着"一带一路"倡议的巨大成功和"人类命运共同体"理念的世界认同，中国的国际地位大幅提升，越来越走近世界舞台的中央，在众多领域实现了从"跟随"到"引领"的跨越，越来越多的国家关注"中国智慧""中国方案"并从中受益。中国在为世界和人类作出越来越大的贡献，然而，

一些西方资本主义国家及势力为阻碍社会主义中国的强大，竟然抛出毫无根据的"中国崩溃论"，企图唱衰中国，打压中国的发展势头，削弱中国的影响力。当然，在中国一次次化解危机，越变越强的事实面前，"中国崩溃论"成了国际笑话。伴随着"中国崩溃论"的，还有"中国威胁论"的恶意传播，他们企图把"国强必霸"的逻辑硬安在中国头上，说中国的强大对世界是一种威胁，并且这种威胁从政治、经济、文明领域演变成了"军事威胁论""粮食威胁论""生态威胁论"等诸多形式，可谓是五花八门，形形色色。既然中国崛起了，那么，中国是不是也应该承担更大的国际责任呢？在这种逻辑下，"中国责任论"又被炮制而出，企图让中国承担与自身实力不相称的责任和义务，拖慢中国崛起的速度。

中国的发展离不开世界，我们需要和平崛起的国际环境，反过来，中国的和平崛起对促进世界和平亦是一种贡献。中国和平崛起了，怎么样避免狭隘的民族主义以更加开放和自信的心态走向民族复兴？中国强大了，会怎么样对待他国？怎么让世界消除对中国的误会和偏见？在这样的时代背景下，以习近平同志为核心的党中央敏锐地把握住国内和国际大局，一方面立足于民族，注意倡导国民特别是青年树立"保家卫国而不是开疆拓土"的爱国主义精神，以提升干劲助力实现民族复兴。另一方面则面向世界，用"开放的""国际主义和国际胸怀"的爱国主义教育培养国民特别是青年，把国家情感放到世界范围内，在和世界的合作共赢中，共同发展、共同繁荣。倡导这样的新时代青年爱国主义，是消除误会或偏见，树好中国形象，让世界更好地认识中国，让中国更好地走向世界，被世界接受和喜爱，进而更好地促进与世界各国合作共赢。

第三节 新时代青年爱国主义理论形成的思想渊源

新时代青年爱国主义理论坚持以马克思、恩格斯和列宁等马克思主义经典作家的青年爱国主义思想为指导，忠实地传承了中国共产党主要领导人关于青年爱国主义的思想观点，创造性转化和创新性发展了中华优秀传统文化中的青年爱国主义思想。总结起来，马克思主义经典作家的青年爱国主义思想是其坚强的理论基石，中国共产党主要领导人的青年爱国主义思想是其直接的理论来源，中华优秀传统文化中的青年爱国主义思想是其深厚的思想渊源。

一、马克思主义经典作家的青年爱国主义思想

（一）马克思、恩格斯的青年爱国主义思想

马克思、恩格斯虽然没有专门论述青年爱国主义问题，甚至并没有给爱国主义下一个明确的定义，但他们对阶级、民族、国家等的诸多论述之中蕴含着丰富的爱国主义观点，体现了马克思主义关于爱国主义的根本立场和基本观点。

第一，爱国要坚决捍卫民族独立与解放。马克思、恩格斯认为："排除民族压迫是一切健康和自由的发展的基本条件。"[①] 在对无产阶级革命运动的研究和实践中，马克思、恩格斯敏锐地意识到青年的重要作

[①] 中共中央马克思恩格斯列宁斯大林著作编译局. 马克思恩格斯全集：第35卷 [M]. 北京：人民出版社，1995：260-261.

用，提出了"青年是社会变革的依靠"的观点，明确肯定了青年的社会地位和历史作用。正如恩格斯在写给《北极星报》编辑的信中指出的："实现这一变革的将是德国的青年。"① 当然，恩格斯所指的"革命青年"不应该也不可能在资产阶级中找到，必然从无产阶级中找到，革命行动也必然从工人当中开始。可见，马克思、恩格斯希望青年要做坚决捍卫民族独立与解放的爱国者，而青年也从马克思、恩格斯争取民族独立和解放的爱国观中明确了前进方向，坚定了革命意志。

第二，爱国主义与共产主义相结合的原则。马克思、恩格斯指出，无产阶级的最终理想是实现共产主义。无产阶级与资产阶级斗争，争取民族独立和解放的最终目的，就是为了实现共产主义，这体现了爱国主义和历史发展必然趋势相统一的原则，是马克思、恩格斯爱国主义思想的伟大创举。在马克思、恩格斯"青年是国际无产阶级大军的重要组成部分"思想映照下，显然，马克思、恩格斯倡导青年的爱国主义要与无产阶级的远大理想相结合，即青年的爱国主义要以实现共产主义为最终理想。

第三，要正确地看待爱国的民族性和国际性，把爱国主义和国际主义相结合。马克思坚持无产阶级的根本立场，赋予爱国以国际主义意义。这是因为各个国家的资产阶级往往会联合起来，共同对付各国工人阶级的斗争与反抗，只有全世界的无产者联合起来，才能维护共同的利益，最终实现全人类的解放，所以，无产阶级倡导和坚持的爱国主义应是和国际主义相结合的爱国主义，并且要坚决和爱国沙文主义划清界限。马克思、恩格斯还指出，青年是人类的未来和希望。这同样给青年

---

① 中国共产主义青年团中央团校. 马克思恩格斯列宁斯大林论青年 [M]. 北京：中国青年出版社，1980：3.

应树立什么样的爱国主义以指导意义，指引着青年要坚持与国际主义相结合的爱国主义。为什么爱国主义要和国际主义相结合？这是因为，爱国具有社会历史性和阶级性，对爱国的探讨绝不能抛开社会历史，否则就是空谈。只有推翻了资产阶级的剥削统治，无产阶级建立政权取得政治上的统治的时候，"这时的无产阶级才能称得上有国可爱，才能真正举起爱国的伟大旗帜"。①

马克思、恩格斯的爱国主义思想还表现在对错误的爱国主义思想进行批判上。马克思、恩格斯主要批判了"虚假爱国主义、极端爱国主义和爱国沙文主义"② 等三种错误的爱国主义思想。在批判错误的爱国主义思想中，马克思、恩格斯进一步阐明了无产阶级爱国主义的主张，同样对于青年树立正确的爱国主义观念具有巨大的指导意义。

（二）列宁的青年爱国主义思想

在领导俄国人民进行革命和建设的伟大实践中，列宁继承并发展了马克思、恩格斯的青年思想，在俄国及欧洲的传统文化影响下，提出了丰富、系统的青年思想。同时，列宁也被很多学者认为是马克思主义经典作家中给爱国主义下定义的第一人："爱国主义是由于千百年来各自的祖国彼此隔离而形成的一种极其深厚的感情。"③ 这为我们认识爱国主义奠定了基础，但是，我们绝不能狭隘地理解这句话，其他学者已经对这句话的真正内涵进行了辨析，在此不再做进一步的探讨。本书主要

---

① 中共中央马克思恩格斯列宁斯大林著作编译局．马克思恩格斯选集：第2卷［M］. 北京：人民出版社，1995：291.
② 董向前，万海霞．社会主义核心价值观视域下爱国主义教育研究［M］. 长春：东北师范大学出版社，2018：61-62.
③ 中共中央马克思恩格斯列宁斯大林著作编译局．列宁全集：第35卷［M］. 北京：人民出版社，2017：187.

综合列宁的青年观和爱国主义思想，来探究其关于青年爱国主义的思想主张。

第一，无产阶级的爱国主义应是以国家和民族的长远利益、以最终实现共产主义远大目标为基点的爱国主义。这是列宁根据当时苏维埃政权面临的严峻形势而提出的爱国主张。十月革命成功后，无产阶级政权力量还很弱小，需要用暂时的"妥协"来换取国家成长壮大的时间和国际空间，因此，不得不签订被小资产阶级污蔑为卖国主义条约的《布列斯特和约》。显然，列宁主张签署这个条约是充分考虑了国家和民族的长远利益，更是为了对世界社会主义革命助益的考虑，才采取的权宜之举。这点，无论是列宁的本心还是以后的事实都证明了列宁的正确。而小资产阶级不顾新生苏维埃政权没有正规军队的实际情况，极力反对条约的签订并主张与德国进行殊死搏斗的"爱国主义"，无疑对当时广大青年的爱国认识造成了不良影响。对于青年，列宁首当关注的是青年是否选择了正确的政治立场。列宁认为，青年的政治立场关乎国家、民族的未来。那么，青年对爱国主义的立场和观念正确与否，势必同样会影响国家和民族的未来，因此，必须对小资产阶级狭隘的"爱国主义"幻想进行批判和转化，以教育引领好当时的广大青年站稳政治立场，支持并跟随苏维埃政权来保卫和建设社会主义国家，为最终实现共产主义远大目标贡献青年力量。

第二，爱国主义应与国际主义统一起来，真正的爱国主义是对无产阶级国际主义的捍卫。资产阶级以"保卫祖国"为名发动的帝国主义战争，遭到了列宁无情的揭露和深刻的批判，让广大青年认识到：资产阶级倡导的"保卫祖国"本质上是一种狭隘的民族主义，是资产阶级企图破坏国际工人联盟和世界无产阶级大团结的一种手段。对此，列宁深刻地指出："无产阶级没有祖国。"① 这是因为，在资本主义生产资料私有的制度下，祖国只是资产阶级的祖国，而不是不占有生产资料的无产阶级的祖国。可见，列宁希望广大青年认识到，"我们主张'保卫祖国'"，是"保卫作为世界社会主义大军的一支队伍的苏维埃共和国的战争"②。资产阶级之所以发动"保卫祖国"名义下的帝国主义战争，是想利用战争继续保持资产阶级的政治统治，目的还是帮助大资产阶级继续剥削无产者和群众。广大青年要对这种破坏无产阶级革命运动的"保卫祖国"爱国主义进行坚决抵制，要和世界各国的无产者联合起来，坚持并捍卫无产阶级与国际主义相统一的爱国主义，才能以联合起来壮大的力量对抗已经联合起来强大的资产阶级，共同推动世界社会主义革命的发展。

第三，坚持爱国主义，就要坚持布尔什维克党的领导。十月革命胜利后，苏维埃政权领导人民在经历了三年严酷的国内外战争后，终于站稳脚跟稳定住局面时，小资产阶级自发势力竟然提出"没有布尔什维克参加的苏维埃政权"③ 的口号，企图变更政权。为达到目的，他们甚至主张无政府主义，对广大青年坚持布尔什维克党领导产生了一定的冲击。列宁认为，青年还是各个政党争夺的对象。对于青年，列宁主张要培养爱国的青年，就要培养坚持布尔什维克党领导的青年。对此，列宁指出，小资产阶级提出这一反动口号的原因是因为骨子里具有动摇性，而布尔什维克是"唯一的革命阶级的先锋队"，只有坚持布尔什维克的

---

① 中共中央马克思恩格斯列宁斯大林著作编译局．列宁全集：第 26 卷［M］．北京：人民出版社，2017：38.
② 中共中央马克思恩格斯列宁斯大林著作编译局．列宁全集：第 34 卷［M］．北京：人民出版社，2017：77.
③ 中共中央马克思恩格斯列宁斯大林著作编译局．列宁全集：第 41 卷［M］．北京：人民出版社，2017：130.

领导才能使俄国摆脱帝国主义的战争，走出被压迫的境地。① 列宁认为，推翻资产阶级并建立无产阶级政权以及建设社会主义的国家，是现代无产阶级的两大任务，而完成这两大任务，需要作为无产阶级先锋队的共产党的领导。因此，列宁从内心深处期盼广大青年，坚持爱国主义，就要坚持布尔什维克党的领导，这样才能对人民的祖国进行切实的保卫和建设。列宁还提出了"真正的爱国主义是爱社会主义祖国，是支援世界社会主义革命运动"② 的爱国主义思想，同样是他对青年的爱国期望。

第四，让青年成为支援国家各项工作的"突击队"。列宁提出，要组织青年学习和研究马克思主义，从而壮大无产阶级革命力量。他还主张要对青年进行共产主义道德、科学文化知识、劳动纪律及实践能力的培养，引导青年批判吸收人类优秀文化，促进青年全面发展，让青年成为支援国家各项工作的"突击队"等。这些思想观点，不仅表明列宁十分关注青年的共产主义伦理道德教育，还清楚地表达了列宁的青年爱国主义教育思想，而且对于当今我国培养新时代青年的爱国之能，做好青年爱国主义教育仍然具有极强的指导意义。

二、中国共产党主要领导人的青年爱国主义思想

新时代青年爱国主义理论忠实地传承了毛泽东、邓小平、江泽民、胡锦涛等中国共产党主要领导人关于青年爱国主义的思想观点，是对马

---

① 中共中央马克思恩格斯列宁斯大林著作编译局. 列宁全集：第 41 卷 ［M］. 北京：人民出版社，2017：229.

② 张慧敏，曲建武. 列宁爱国主义思想及当代启示 ［J］. 思想政治教育研究，2019，35（4）：61-62.

克思主义中国化青年爱国主义思想的继承和创新，而中国共产党主要领导人的青年爱国主义思想也成为新时代青年爱国主义理论的直接理论来源。

（一）毛泽东的青年爱国主义思想

毛泽东是近代以来中国伟大的爱国者，他在青年时期就立下救国救民的远大志向，从青年时代就非常重视青年，重视青年运动，在继承并发扬中华优良爱国主义传统及马克思、恩格斯与列宁的爱国主义思想的同时，提出了众多青年爱国主义思想。

第一，青年要做爱国先锋。首先，以身作则，树立爱国先锋榜样。青年时期的毛泽东是风华正茂的青年领袖，他在湖南省立第一师范学校学习时，成立新民学会，广交爱国青年才俊，一起研究学问，畅谈天下大事，关心中华民族的前途和命运。五四爱国运动爆发后，毛泽东动员成立湖南学生联合会并发动湖南青年学生积极响应，他在湖南参与创办《湘江评论》，大力推广新文化，在青年中宣传马列主义，传播革命思想等，充分发挥了青年领袖的作用。在长沙建团、建党后，毛泽东注意发展青年学生、青年工人等青年才俊入党和入团；毛泽东还参与创办湖南自修大学、湖南青年图书馆、广州农讲所等，培养和发展爱国青年革命骨干。可以说，青年毛泽东以自身的实际行动，为广大青年树立了"天下兴亡，匹夫有责"的爱国先锋榜样。其次，鼓励青年成为爱国先锋。土地革命时期，毛泽东视青年为"先锋分子"，发挥青年在开创井冈山革命根据地，建立苏维埃政权的先锋作用，鼓励青年在工作上、学习上起到模范作用，做好党的助手。① 长征途中，毛泽东与青年战士同

---

① 肖锋. 十年百战亲历记 [M]. 福州：福建人民出版社，1983：499-500.

甘共苦，战胜千难万险到达陕北后，即开始推动青年运动，培养青年干部，指导青年思想，端正青年态度。这个时期，毛泽东提出了"要革命，要有阶级斗争意识，要成为爱国的先锋"等青年爱国主义思想。抗日战争时期，毛泽东视青年为"国家之精华，抗战之至宝"①。在此期间，毛泽东还提出了"北方青年为民族解放斗争的先锋"的观点，指引北方青年争取爱国的民主自由。

第二，青年要把握爱国主义的标准。首先是反对出卖民族利益和压迫人民的卖国政府。在抗日战争时期，针对青年应该怎么认识五四运动的性质，毛泽东指出："五四运动正是做了反对卖国政府的工作，所以它是革命的运动。"② 这里，毛泽东把爱国主义和推翻旧政权、改造旧社会的革命目标联系起来，不仅希望全中国的青年认识到五四运动是爱国革命的运动，还包含着希望全中国的青年都把握爱国的标准：反对出卖民族利益和压迫人民的卖国政府，就是爱国的。其次是反对"侵略者"的爱国主义。毛泽东认为，对于既损害本国人民又损害世界人民利益的日本侵略者和希特勒倡导的"爱国主义"，全世界共产党员都必须坚决反对。这里，毛泽东将爱国主义的正义性和阶级性联系在一起，不仅为广大青年指明了爱国主义的标准，也对当时青年应该坚定什么样的爱国立场起到了方向性的教育引领作用。最后是坚持党的领导和社会主义道路。新中国成立后，毛泽东指出，是否爱中国共产党领导的社会主义新中国，是否真诚维护祖国的统一，同帝国主义分裂祖国的阴谋断绝关系，是区别真、假爱国主义的标准，也照清了半真半假、动摇的爱国主义嘴脸。此时，毛泽东把爱国主义和坚持党的领导、热爱社会主义

---

① 郝幸艳.毛泽东与青年 [M].北京：中国社会科学出版社，2015：36.
② 毛泽东.毛泽东选集：第二卷 [M].北京：人民出版社，1991：561-562.

联系起来，一方面是加强党的领导以更好地建设社会主义祖国的需要；另一方面，则是因为毛泽东认识到，在新中国成长起来的青年一代存在着"缺少政治经验和社会生活经验，不善于把旧中国和新中国加以比较"① 等弱点，用这样的爱国主义标准对青年进行教育引领，无疑具有极强的时代性和针对性。

第三，青年要把握爱国主义的历史范畴。"爱国主义的具体内容，看在什么样的历史条件之下来决定。"② 对于爱国主义是一个历史范畴这一问题，毛泽东深刻论述并在青年爱国主义的实践中深入践行。在抗日战争时期，毛泽东号召全国青年团结起来，坚持共产党的领导，加强青年运动的统一和团结，要有坚定正确的政治方向和永久奋斗的决心，和工农结合，唤起民众等，打败日本侵略者。这个时期，毛泽东的青年爱国主义思想充分体现了"抗日救国"的时代特征。在解放战争时期，毛泽东团结教育青年，筹划成立新民主主义青年团，加强青年组织管理；要求青年加强文化学习，以适应建设新中国的需要；在思想上教育青年遵守革命纪律，保持艰苦奋斗的作风；在宇宙观和革命观上，勉励青年增强对共产主义事业必胜的信心等，使全国广大青年认同并更加坚定中国共产党的领导，坚定了革命必胜的信念，充分体现了"为建立新中国而奋斗"的青年爱国主义思想。新中国成立和社会主义改造完成后，毛泽东以"世界是你们的，也是我们的，但归根结底是你们的"伟大讲话号召广大青年，积极投身国家建设热潮，坚定对社会主义的信念，勤俭建国，担负起建设国家的重任等，充分体现了"建设新中国""爱社会主义"的青年爱国主义思想。

---

① 毛泽东. 毛泽东选集：第五卷 [M]. 北京：人民出版社，1977：395.
② 毛泽东. 毛泽东选集：第二卷 [M]. 北京：人民出版社，1991：520.

第四，青年要提升爱国主义的胸怀和境界。将爱国主义和国际主义有机结合，是毛泽东爱国主义思想最显著的特征和特点，这充分体现了毛泽东爱国主义思想的胸怀和境界。在民主革命时期，毛泽东就指出，必须将爱国主义和国际主义结合起来，并提出了"爱国主义就是国际主义在民族解放战争中的实施"① 的思想观点。在社会主义革命时期，毛泽东多次强调中国的国际主义义务，积极主动地援助正在争取解放的人民的斗争。"抗美援朝"就是毛泽东基于爱国主义与国际主义相结合的胸怀和境界，断然作出的"保家卫国"伟大决策，激励着无数热血青年用生命和鲜血，在帮助朝鲜人民抵抗美国帝国主义侵略的同时，也有效地维护了国家尊严和利益。这是体现毛泽东爱国主义思想与国际主义相结合的典范，不仅给广大青年以巨大的鼓舞，还极大地提升了青年爱国主义的胸怀和境界。另外，毛泽东还倡导青年爱国要维护民族尊严，要热爱中国的历史和文化等。在青年爱国主义教育方面，毛泽东重视指引青年成为社会主义建设事业所需要的人才，尤其重视要把青年培养成为无产阶级革命事业的接班人，充分体现了毛泽东的青年爱国主义教育思想特征。

总结起来，毛泽东的青年爱国主义思想体现了强烈的革命精神，具有巨大的号召力和凝聚力。在毛泽东青年爱国主义思想的引领下，广大中国青年积极投身到新民主主义革命和社会主义建设的伟大事业中去，为新中国的建立、社会主义改造的成功、探索建设中国特色社会主义作出巨大贡献，让新中国"改天换地"般焕发新的生机与活力，并孕育出了伟大的抗美援朝精神、"两弹一星"精神等爱国主义精神谱系。

---

① 毛泽东. 毛泽东选集：第二卷 [M]. 北京：人民出版社，1991：521.

（二）邓小平的青年爱国主义思想

邓小平非常重视青年，视青年为："我们的未来，我们一切事业的继承者。"① 他还指出："青年一代的成长，正是我们事业必定要兴旺发达的希望所在。"② 在重视和关心青年的同时，邓小平还特别重视针对青年的教育，认为："对青年进行教育，引导青年坚持社会主义道路是很重要的一件事。"③

邓小平重视爱国主义的宣传教育，早在1941年4月，他就提出了要"加强民族的爱国的宣传教育"④ 的思想观点。新中国成立后，特别是邓小平实际成为党的领导核心以后，邓小平对爱国主义高度重视并进行了诸多阐述，这是在新的历史时期，邓小平对毛泽东爱国主义思想的继承和发展。总结起来，邓小平在毛泽东爱国主义思想和实践的基础上，"致力于民族的振兴和民族的腾飞，为中华民族走向富强、文明、民主的明天而作出极大的贡献。"⑤ 并且，邓小平的爱国主义思想没有停留在中国发展的本身，在坚决维护国家的主权和利益的同时，他坚持将爱国主义与民族主义和国际主义相统一，并对青年的爱国主义提出了更高更严的要求。⑥

考察邓小平的青年爱国主义思想，要把握"改革开放"这个新的历史阶段大背景。实事求是思想路线的恢复，工作重心转移到经济建设

---

① 邓小平. 邓小平文选：第一卷［M］. 北京：人民出版社，1994：254.
② 邓小平. 邓小平文选：第二卷［M］. 北京：人民出版社，1994：95.
③ 中共中央文献研究室. 邓小平文集（一九四九——一九七四年）（下卷）［M］. 北京：人民出版社，2014：358.
④ 邓小平. 邓小平文选：第一卷［M］. 北京：人民出版社，1994：25.
⑤ 戴素芳. 论邓小平对毛泽东爱国主义思想的继承和发展［J］. 求索，2000（5）：90.
⑥ 邓小平. 邓小平文选：第二卷［M］. 北京：人民出版社，1994：392.

上，"一国两制"的创造性提出等等现实状况，均给了爱国主义新的挑战和发展机遇，需要以富有时代特色的爱国主义精神引领广大青年，积极投身改革开放和中国特色社会主义建设的伟大实践。对此，邓小平主张，第一，青年的爱国主义，要维护国权国格，要始终把国家的主权和安全放在首位。第二，青年的爱国主义，要为国家的发达作出贡献。邓小平曾深情地对青年说："对我们的国家要爱，要让我们的国家发达起来。"① 第三，青年的爱国主义与爱社会主义是统一的。不管赞成不赞成共产主义世界观，都要共同为祖国的社会主义事业奋斗。正如邓小平指出的："我们不只是要善于团结先进的青年，而且还要善于把一切爱国的青年、包括还不赞成共产主义世界观的爱国青年，都团结起来，共同为祖国的社会主义事业奋斗。"② 第四，青年的爱国主义，要将树立共产主义的远大理想和细小的工作结合起来。邓小平不但强调："要特别教育我们的下一代下两代，一定要树立共产主义的远大理想。一定不能让我们的青少年作资本主义腐朽思想的俘虏。"③ 他还强调，青年应当树立远大理想，同时又要十分重视任何细小的工作。第五，青年的爱国主义，就是要赞同改革开放，要积极地除旧更新，促进祖国的发展进步。第六，青年的爱国主义，要维护"一国两制"。第七，重视青年爱国主义教育。邓小平曾说道："我们最大的失误在教育，对年轻娃娃、青年学生教育不够。"④ 这是邓小平基于资产阶级自由化思潮引发的政治风波而得出的历史教训，同时也彰显了邓小平对青年学生进行爱国主义教育的高度重视。

---

① 邓小平. 邓小平文选：第三卷 [M]. 北京：人民出版社，1993：378.
② 邓小平. 邓小平文选：第三卷 [M]. 北京：人民出版社，1994：277.
③ 邓小平. 邓小平文选：第三卷 [M]. 北京：人民出版社，1993：111.
④ 邓小平. 邓小平文选：第三卷 [M]. 北京：人民出版社，1993：327.

总之，邓小平的青年爱国主义思想体现了强烈的"革故鼎新"特点，引领着广大青年投身到改革开放、建设中国特色社会主义的时代大潮中，维护了国家的安全稳定，为中国人民"富起来"作出了巨大贡献。

（三）江泽民的青年爱国主义思想

江泽民高度重视青年和青年爱国主义教育工作。在继承和发展中，在对国情世情的客观理性分析中，江泽民形成了其关于青年爱国主义的思想观点。研究江泽民的青年爱国主义思想，要把握"东欧剧变、苏联解体的国际背景和国内建立社会主义市场经济体制"的时代背景。东欧剧变、苏联解体和社会主义市场经济体制的建立都给青年的爱国主义带来冲击和挑战。

江泽民不但对爱国主义进行了科学概括，对爱国主义的价值进行了创新定位，对爱国主义的时代内涵进行了科学概括，他还对社会主义爱国主义的基本特征进行了新阐发并尤其重视对青年的爱国主义教育。他在纪念共青团成立 80 周年大会上的讲话中浓墨重彩地论述五四运动和青年爱国主义的关系："五四运动以来，中国青年运动奏响的主旋律，就是鲜明强烈的爱国主义。"① 并教育广大青年要高举爱国主义旗帜，沿着党指引的道路继续奋勇前进。

概言之，江泽民的青年爱国主义思想主要内涵有：第一，青年的爱国主义，既是对自己祖国深厚感情的崇高精神，又是同促进历史发展、维护国家独立和广大人民的根本利益密切联系在一起的。第二，青年的爱国主义要和狭隘的民族主义划清界限，要把中国的前途和命运放在世

---

① 江泽民．江泽民文选：第三卷［M］．北京：人民出版社，2006：482.

界格局中观察，把中国社会的发展与整个人类社会的进步紧紧联系在一起。第三，爱中国，就要把中国建设得更加美好。新时期青年爱国主义的根本任务是建设中国特色社会主义，青年要在祖国社会主义建设中充分发挥自己的聪明才智，实现报国之行。第四，爱国主义和社会主义本质上是统一的。青年坚持爱国主义要反对资产阶级自由化，做到"爱国与爱社会主义、爱国与爱党、爱国与坚持人民民主专政、爱国与自觉以马克思主义为指导"相统一。第五，弘扬爱国主义，青年要把个人前途和国家前途结合起来。第六，要用无产阶级思想教育青年，对青年加强国情教育、爱国主义、社会主义教育等。

总之，江泽民的青年爱国主义思想体现了强烈的"创新发展"特点，他紧紧把握时代要求和新时期爱国主义教育特点①，颁布了《爱国主义教育实施纲要》《公民道德建设实施纲要》等文件，加强了青年爱国主义教育的顶层设计工作，其推动开展的"三个一百"工程（百种爱国主义图书、百部爱国主义歌曲、百部爱国主义影片），大力开展爱国主义教育基地建设，充分运用文物进行爱国主义教育，对青少年加强近代、现代史及国情教育等工作，取得了影响至今的良好效果。

（四）胡锦涛的青年爱国主义思想

胡锦涛高度重视青年和青年工作，视青年为"无比幸运的一代，又是责任重大的一代。"② 在给予青年高度重视的同时，胡锦涛多次用爱国主义这个宝贵的精神财富激励和凝聚广大青年，号召所有中华儿女

---

① 杨业华. 江泽民爱国主义思想探析 [J]. 思想理论教育导刊, 2007 (5)：30.
② 胡锦涛. 胡锦涛文选：第三卷 [M]. 北京：人民出版社, 2016：587.

珍视并大力弘扬爱国主义，① 指引着广大青年为中国的和平崛起事业作出了巨大的贡献。

考察胡锦涛的青年爱国主义思想，要把握"国际上全球化高歌猛进，国内全面建设小康社会，中国和平崛起"这个大的时代背景。在这个时代背景下，胡锦涛进一步阐释了青年爱国主义的科学内涵，丰富了青年爱国主义思想的精神维度和当代价值，积极开展青年爱国主义教育，体现了其青年爱国主义思想传承性和创新性的统一。

总结胡锦涛的青年爱国主义思想，主要内容及特征有：第一，对青年阐明了爱国主义的价值意义。在同中国农业大学师生代表座谈和纪念中国共产主义青年团成立 90 周年大会上的讲话中，胡锦涛均提出了"爱国主义是伟大民族精神的集中体现，是伟大五四精神的核心内容"②的思想观点。他主要从爱国主义和民族精神的关系，和五四精神的关系，对青年个人的影响，对青年运动的作用等方面阐释爱国主义的价值意义，不仅激发了青年的民族自豪感和价值认同意识，而且从青年自身发展的角度激发了青年内心向上的力量，进而有利于将爱国主义的价值理念播撒在青年心中。第二，对青年指明了爱国主义的时代主题。在同中国农业大学师生代表座谈时，胡锦涛还指出："在当代中国，爱国主义最鲜明的主题就是不断发展中国特色社会主义。"③ 爱国主义不是抽象的，在社会发展的不同阶段有着不同的具体内涵。这里，胡锦涛为青年指明了爱国主义的主题，就是指明了当时爱国主义的方向、重点和具

---

① 胡锦涛. 胡锦涛文选：第一卷 ［M］. 北京：人民出版社，2016：361-362.

② 胡锦涛. 在纪念中国共产主义青年团成立 90 周年大会上的讲话 ［EB/OL］. 中新网，2012-05-04.

③ 胡锦涛. 在同中国农业大学师生代表座谈时的讲话 ［EB/OL］. 中央政府门户网站，2009-05-02.

体内涵，有利于青年认清当前的形势和具体任务，从而方向明确、目标清晰地为国家的建设和发展贡献力量。第三，给青年以"明荣知耻"的爱国伦理引领。胡锦涛提出了"以热爱祖国为荣，以危害祖国为耻"的关于爱国主义的荣辱观，为爱国主义注入伦理道德因素，给予青年树立和坚定爱国主义以极强的伦理引领，具有重大的现实意义和鲜明的时代特色。第四，对青年提出坚持爱国主义与社会主义的高度统一。胡锦涛在北京大学考察时指出："要大力弘扬爱国主义精神，坚持爱国主义与社会主义的高度统一。"① 可见，胡锦涛提倡的青年弘扬爱国主义精神，就要坚持爱国主义与社会主义的高度统一，把爱国热情转化为实际行动。第五，重视对青年的爱国主义教育。他不仅要求共青团要坚持不懈地用正确的东西去引导青年、教育青年，对青年进行爱国主义教育，还从激发青年爱国热情、历史教育、国际比较等方面对如何做好青年爱国主义教育作出了明确指示，为做好青年爱国主义教育指明了方法和路径遵循。

总之，胡锦涛的青年爱国主义思想，鲜明地体现了"明荣知耻"的特点，富有时代特色。在胡锦涛青年爱国主义思想的引领下，广大青年更加热爱社会主义中国，积极践行社会主义核心价值体系，践行社会主义荣辱观，为中国和平崛起作出了青年应有的贡献，并且助力形成了"抗击'非典'精神"等一系列爱国主义精神谱系。

三、中华优秀传统文化中的青年爱国主义思想

中国自古就非常看重年轻人，脍炙人口的名言"自古英雄出少年"

---

① 胡锦涛. 在北京大学师生代表座谈会上的讲话［EB/OL］. 中央政府门户网站，2008-05-04.

"后生可畏"等就是最好的例证。在中国悠久的历史长河中，涌现了众多杰出的爱国青年，留下了流芳千古的爱国青年故事。这不仅为爱国主义的传承发展树立了青年标杆榜样，也为中华民族的兴盛发展作出了巨大贡献。习近平总书记经常用中华优秀传统文化中的青年爱国思想教育引领青年，他常借用梁启超《少年中国说》里的名言"少年强则国强"① 来鼓舞青年。例如，习近平总书记在看望南京青奥会中国体育代表团时强调，少年强、青年强则中国强。他在澳门大学考察时也指出，爱国是中华文化中很核心重要的一条，要通过传承优秀传统文化增强民族文化自信，弘扬爱国主义精神。总结起来，中国人很早就确立的家国情怀、天下观念、大同理想等爱国主义思想，既是中华优秀传统文化的精华，又是青年爱国主义教育的宝贵资源，是新时代青年爱国主义理论的主要思想渊源。

第一，家国情怀。在家国一体、家国同构的传统社会中，"忠君爱国""天下为公"是对传统社会爱国思想最精练的概括。这种由对家庭父母的情感推及至对国君的情感演变，生动描绘了中华民族共同体生成发展的图谱，诠释了为什么爱国主义能够成为中华民族精神的核心。作为一种情感，家国情怀既来自与生俱来的生命自觉，也来自社会风尚的长期传承。爱国与爱家的统一，使得爱国成为每个个体在共同体生活中必备的价值追求，其具有无与伦比的重要性，爱国就像爱自己的父母一样，是再天经地义不过的事情。在传统社会中，"天下之本在国，国之本在家，家之本在身""唯有民魂是值得宝贵的，唯有他发扬起来，中国才有真进步"等都是脍炙人口的名句。家是最小国，国是千万家，国家强大才能家庭幸福。正因为感念于个人命运与国家命运之间的同频

---

① 梁启超全集：第一册 ［M］. 北京：北京出版社，1999：409.

共振，家庭情感和爱国情感的深度交织，个人与家庭、个人与国家、家庭与国家，构建起了关系紧密的中华民族共同体，形成了中华民族特有的精神家园。家国情怀起源于士大夫阶层的人文精神，具有一定的局限性，在传统社会中与封建纲常伦理道德不断契合从而得以形成发展。近代以来，受传统文化影响，家国情怀已成为增进个体对国家认同的重要沃土，展现出其特有的时代价值。从毛泽东"埋骨何须桑梓地"的壮志豪情，到邓小平"我是中国人民的儿子"的殷殷真情，再到习近平"我将无我，不负人民"的伟大担当，家国情怀深深地镌刻在一代又一代中国共产党人的心中，对新时代青年爱国主义理论产生着重要的影响。例如，在视察南开大学时，习近平总书记就化用中华优秀传统文化中的"大我""小我"思想，引领青年学生把个人学习具体目标的"小我"同民族复兴宏大目标的"大我"结合起来。

第二，天下观念。天下观念既是一个地理观念，也是一个政治观念。尽管受认识视野的束缚，但这并不影响中国传统社会淬炼出以整个"世界"为思考对象的观念。诸子百家对天下观念的内涵多有阐释，概括来说，核心的观点包括：天下为公、仁爱、和合理念。天下为公，即天下是大家所共有的，"天子之位，传贤而不传子"。《吕氏春秋》载"公则天下平矣"，《礼记·礼运》载"大道之行，天下为公"，这些都蕴含着天下为公的理念。仁爱，即宽仁慈爱。孔子认为"己所不欲，勿施于人"，孟子认为"仁者以其所爱及其所不爱"。在天下之中，人与人之间的相处都要基于"仁爱"，这是天下太平的基础。比如，《礼记·礼运》所说的天下大同，便是仁的天下，由仁而化。和合理念由"和""合"组成，是中国传统社会长期以来追求的理想关系状态。和合理念是天下万物的相处之道，既强调"天人合一""协和万邦"的统一，又体现出"和而不同"的差异。几千年来，天下观已经内化为我们的基因。在统一国家内部，天下观有利于民族团结、社会稳定，形成人民群众统一的价值判断和价值选择。当然，在统一的国家中，各民族还形成了独特的文化，这是和而不同的体现。在世界层面，天下观念有利于凝聚中华民族向心力、凝聚力和战斗力，为实现中华民族伟大复兴凝聚中国力量。党的十八大以来，习近平总书记多次谈及"天下为公""大道之行也，天下为公"。尤其是，习近平总书记将"天下大同"的中华优秀传统文化思想创造性转化和创新性发展，提出了"人类命运共同体"思想，树立了马克思主义的爱国阶级立场，这是对中华优秀传统文化"天下观念"的继承和发扬。习近平总书记还经常用中华优秀传统文化中"修身、齐家、治国、平天下"的中国古代圣贤智慧，对广大青年进行教育引导，这不但拓宽了天下观念视野，更彰显出党和国家对新时代中国青年爱国主义教育的价值引领。

第三，大同理想。大同理想是中国古代对理想社会的一种描绘。大同理想最早见于《礼记·礼运》，载"是故谋闭而不兴，盗窃乱贼而不作，故外户而不闭，是谓大同。"大同理想的核心是"天下为公"，具体内涵包括：在制度建设上，倡导建立天下为公的制度；在管理体制上，倡导选贤选能；在人际关系上，倡导讲信修睦；在社会保障上倡导人得其所；在社会道德上倡导人人为公；在劳动态度上倡导各尽其力，因符合人们对理想社会的美好设想，不仅成为儒家极力倡导的社会思想，也"在封建社会里经常被用作农民进行斗争的思想武器，在中国近代又成为中国人民爱国主义和资产阶级革命的旗帜。"① 例如，东汉

---

① 陈德安. 儒家大同思想的历史影响和现代意义 [J]. 山西师大学报（社会科学版），1993（1）：64.

黄巾起义时就主张平等、平均；北宋王小波、李顺起义宣称要改变"不均"；太平天国起义更是把农民平均主义思想发展到了顶峰。到了近代，大同理想依然不减理论魅力，并被近代知识分子继承和发展。孙中山受大同理想影响，提出"民族、民权、民生"的三民主义思想。大同理想对新时代青年爱国主义理论也产生了一定影响。例如，习近平总书记提出的"人类命运共同体"和"中华民族共同体"两个共同体理念，在思想渊源上就体现了中国传统文化的天下大同观念。①

　　总之，"家国一体"的爱国取向，天下观念的"和合"爱国理念，大同理想的"团结"基因等中华优秀传统文化中的爱国主义思想对新时代青年爱国主义理论产生了重要影响。在习近平总书记心中，中华优秀传统文化具有重要的现实价值，进入新时代以来，习近平总书记多次论述继承和发扬中华优秀传统文化对于弘扬爱国主义的重要意义和作用。习近平总书记的这些爱国论述不仅指明了爱国主义在中华优秀传统文化中的核心重要地位，还充分印证了中华优秀传统文化中的爱国思想对新时代青年爱国主义理论的形成产生了重要影响。

---

① 周少青. 论两个共同体理念的世界意义 [J]. 西北民族研究，2020（2）：18.

第三章

新时代青年爱国主义理论
的提出和主要内容

研究新时代青年爱国主义理论的提出及其过程，就等于把握住了历史和逻辑相统一的发展规律，具有重要的意义。在遵循历史和逻辑相统一方法的基础上，根据新时代党和国家特别是习近平总书记关于青年爱国主义的重要论述，可以总结梳理出新时代青年爱国主义理论的提出过程和主要内容。

第一节　新时代青年爱国主义理论的提出

进入新时代后，新时代青年爱国主义理论的主要创立者习近平总书记以"青年是党、国家、民族和世界的未来"的站位和格局，在治国理政中进一步思考和实践青年爱国主义，促进了新时代青年爱国主义理论的不断发展并趋于成熟。其中，习近平总书记在中共中央政治局第二十九次集体学习时的讲话上，就爱国主义的"意义、主题、本质、特征"以及如何做好爱国主义教育等作出系统、深入的论述，可以将其看成是新时代青年爱国主义理论走向成熟的一个标志。

一、以"中国梦"指引青年爱国方向

2012 年 11 月 29 日，在参观《复兴之路》展览时，习近平总书记在爱国主义的语境下提出了"中国梦"的概念，自此，"中国梦"就成了党和国家在新时代教育引领青年爱国方向的"高频词"和"主体词"。

一是注重针对优秀青年群体加以示范引领。2013 年 5 月 4 日，这是习近平担任党的总书记后和青年一起度过的第一个青年节，他在同各界优秀青年代表座谈时的讲话中指出，"中国梦更是青年一代的"，并提出了"要用中国梦打牢广大青少年的共同思想基础"，青年要"选择吃苦""为人民奉献青春"等关于青年爱国主义的系列论述，教育引领青年思考中国梦与自身的关系，青年应该为实现中国梦承担的责任。① 另外，在 2016 年 4 月 26 日知识分子、劳动模范、青年代表座谈会上的讲话中和 2018 年 5 月 2 日在北京大学师生座谈会上的讲话中，习近平总书记同样以"中国梦"伟大目标教育引领青年爱国方向，号召有志青年成为实现中华民族伟大复兴的生力军，万众一心为实现中国梦而奋斗。参加座谈会的，都是各界青年优秀群体，对他们用中国梦的伟大目标进行爱国引领，能起到强烈的示范作用，引领着全国青年为中国梦的实现而努力奋斗。

二是针对留学青年群体重点引领。如何用中国梦凝聚留学生的爱国力量，也是党和国家特别是习近平总书记站在治国理政的高度重点思考的问题。借着欧美同学会成立 100 周年的契机，习近平总书记在庆祝大

---

① 习近平. 在同各界青年优秀代表座谈时的讲话 [N]. 人民日报，2013-05-05（2）.

会上对广大留学人员提四点希望，其中第一个就是希望大家坚守爱国主义精神，继承和发扬留学报国的光荣传统，并教育引领广大留学生要做到爱国情、强国志和报国行相统一，"把自己的梦想融入人民实现中国梦的壮阔奋斗之中"①。实现中国梦，要汇聚各界青年的力量，其中，留学青年是实现中国梦的一支重要有生力量，他们对留学报国传统的传承和为中国梦共同目标贡献意识的树立，无疑对中华民族的伟大复兴起到了积极的贡献作用。

三是以"中国梦"引领台湾青年爱国方向。2019年1月2日，习近平总书记在《告台湾同胞书》发表40周年纪念会上的讲话中指出："广大台湾同胞具有光荣的爱国主义传统，是我们的骨肉天亲"，他希望所有台湾同胞要珍视和平，追求统一，"积极参与到推进祖国和平统一的正义事业中来"，特别是两岸的青年，要"勇担重任、团结友爱、携手打拼"。② 这里，习近平总书记用"中国梦"引领台湾青年爱国方向，深刻揭示了台湾前途命运与民族伟大复兴的内在联系，明确表达出了两岸青年要携手为祖国和平统一作出贡献的青年爱国主义思想观点。

四是以"中国梦"引领港澳青年爱国方向。2013年3月18日，习近平总书记在会见香港和澳门行政长官时强调，需要香港、澳门与祖国内地坚持优势互补，共同发展，需要港澳同胞与内地人民坚持守望相助，携手共进，并且在庆祝香港、澳门回归祖国20周年大会上的讲话中，习近平总书记还提出了"一国两制"和"中国梦"的关系以及要加强港澳青少年爱国主义教育的重要论述，给了港澳爱国青年以极大的

---

① 习近平. 在欧美同学会成立100周年庆祝大会上的讲话［N］. 人民日报，2013-10-22（2）.

② 习近平. 为实现民族伟大复兴 推进祖国和平统一而共同奋斗：在《告台湾同胞书》发表40周年纪念会上的讲话［EB/OL］. 新华网，2019-01-02.

鼓舞，推动着我国在港澳的"一国两制"事业行稳致远，激发了港澳青年齐心协力共建共享中国梦伟大荣光的爱国热情。

二、教育引领青年爱国知行统一

在新时代青年爱国主义理论体系中，特别是习近平总书记还注意对青年爱国主义进行系统论述，以教育引领青年爱国要知行统一，不能停留在口号上。

一是在中共中央政治局第二十九次集体学习时的讲话上进行系统论述。在此次讲话中，习近平总书记指明了当代爱国主义的鲜明主题，强调了爱国主义的价值地位，宣示了中国共产党对爱国主义精神的弘扬和实践，并提出了对青少年进行爱国主义教育的方法路径以及弘扬爱国主义精神的"五个必须"原则等。这是习近平担任党的总书记后最为系统的关于青年爱国主义的讲话，可视为新时代青年爱国主义理论发展成熟的另一标志。

二是2018年5月2日，在北京大学师生座谈会上的讲话中的系统论述。在这次讲话中，习近平总书记向广大青年提出"爱国、励志、求真、力行"的四点希望。其中，关于爱国，习近平总书记从情感向度对爱国主义进行了深刻论述，从价值向度提出了爱国对个人的成长作用，从地位向度提出了爱国的超然地位并对中华儿女如何爱国，如何树立民族自豪感和文化自信心提出了具体的要求，并提出了"爱国，不能停留在口号上"[①] 的青年爱国主义重要论述，继对青年爱国主义的价值维度和理论维度进行论述之后，又丰富了青年爱国主义实践维度的相

---

① 习近平. 在北京大学师生座谈会上的讲话 [N]. 人民日报，2018-05-03（2）.

关内容，这是习近平在担任党的总书记后一个较为系统的关于青年爱国主义论述的讲话，是研究新时代青年爱国主义理论的一个重要文献。

三是在纪念五四运动 100 周年大会上的讲话中进行系统论述。在此，习近平总书记对青年爱国主义进行了系统论述，科学地回答了新时代的青年"为什么爱国、什么是爱国、怎样去爱国"的青年爱国主义根本问题。讲话通篇贯穿着"爱国主义"的主线，在深刻阐述五四精神的核心要义中，强调了爱国主义对于新时代青年的价值，指明了新时代青年践行爱国主义的实践要求，为新时代青年接续弘扬爱国主义指明了前进方向，提供了根本遵循，是研究新时代青年爱国主义理论的经典文献。

三、系统论述如何做好青年爱国主义教育

进入新时代，党和国家站在国家、民族、党的未来发展的高度看待青年，习近平总书记还就如何做好青年爱国主义教育提出了系列重要论述，这是新时代青年爱国主义理论的重要组成部分。

一是提出了"三热爱"的青年爱国主义教育重要论述。这是习近平总书记在 2014 年 9 月 9 日同北京师范大学师生代表座谈时的讲话上提出的重要论述，"三热爱"教育，指的是要教育青年"热爱祖国、热爱人民、热爱中国共产党"①。新中国成立后，我国最早的"三热爱"提法源自 1981 年共青团中央在全国青少年中开展的"热爱祖国、热爱社会主义制度、热爱党"的教育活动。这是继 2014 年 6 月 30 日在十八届中央政治局第十六次集体学习时的讲话中，习近平总书记在提出中国

---

① 习近平. 做党和人民满意的好老师：同北京师范大学师生代表座谈时的讲话 [N].
人民日报，2014-09-10（2）.

特色社会主义"最本质特征论"后，对青年爱国主义教育"三热爱"的新提法，不仅更加突出了中国共产党"人民至上"的执政理念，更为做好新时代我国青年爱国主义教育指明了方向、提供了内容遵循。

二是提出了青年爱国要"向榜样学习"的重要论述。2017年5月25日，习近平总书记在得知黄大年的先进事迹后，特别指示我们要以黄大年同志为榜样，学习他心有大我、至诚报国的爱国情怀。① 这里明确表达出了青年爱国要向榜样学习的论述。关于爱国榜样，习近平总书记还专门"点赞"了"守岛卫国"的王继才，大力倡导爱国奉献精神，给"爱党爱国"库尔班·吐鲁木的长女托乎提汗·库尔班回信，表扬她一直坚持父亲爱党爱国的情怀，给后辈和乡亲们树立了榜样。可见，在新时代，党和国家注意树立爱国典型，发挥榜样的爱国引领作用，为全国各族青年注入无穷的爱国力量，并使"爱国"成了新时代奋斗者的崇高价值追求。

三是提出了"厚植爱国主义情怀"的青年爱国主义教育重要论述。2018年9月10日，在论述教育工作的根本任务时，习近平总书记提出了"要在厚植爱国主义情怀上下功夫"的论述。这里，习近平总书记不但指出要在厚植爱国主义情怀上下功夫，而且指出了具体的"厚植"内容，即要"教育引导学生热爱和拥护中国共产党，立志听党话、跟党走，立志扎根人民、奉献国家"②。这里，明显可以看出，厚植青年爱国主义情怀的主要内容，还是"祖国、人民和党"，不但体现了中国共产党人对青年爱国主义教育内容的一以贯之，更体现了爱国和爱党爱

---

① 习近平对黄大年同志先进事迹作出重要指示 [N]. 人民日报，2017-05-26（1）.
② 习近平. 坚持中国特色社会主义教育发展道路 培养德智体美劳全面发展的社会主义建设者和接班人：在全国教育大会上的讲话 [N]. 人民日报，2018-09-11（1）.

民的统一性。

四是用"我将无我"的爱国境界引领青年。2019 年 3 月，在意大利进行国事访问时，习近平总书记被意大利众议长菲科当众提问，当选中国国家主席时是什么心情。习近平总书记回答："我将无我，不负人民。我愿意做到一个'无我'的状态，为中国的发展奉献自己。"① 回望七年知青岁月带领乡亲的艰苦劳动，多年的地方工作锤炼和治国理政以来的日夜操劳，"以身许国"的习近平总书记用他夙夜在公、一心为民的工作状态，诠释了中国共产党人爱国情怀里"不负人民"的价值追求。"我将无我，不负人民"是习近平爱国情怀的真实写照，不但充分体现了一个大国领袖和中国共产党人高尚的思想境界，更指引着中国青年要在为中华民族谋复兴的奉献担当中树立为民情怀，做到爱国和爱人民的统一。

五是提出了"教育引导青少年认识中华文明起源和发展的历史脉络"重要论述。这是习近平总书记在对考古工作进行指示时，结合对弘扬中华优秀传统文化、增强文化自信进行论述时提出的重要论述。从中可以看出，习近平总书记明确地提出了"历史""考古成果""历史研究成果"对青少年的爱国主义教育具有重要作用的思想观点，可以帮助青年认识中华文明"起源和发展的历史脉络，取得的灿烂成就以及对人类文明的重大贡献"。② 在中华文明同世界文明的交流互鉴中，党和国家深刻地认识到，青年通过了解历史和考古知识，能更加深刻地了解到中华文明对世界思想体系、科技文化艺术成果和独特制度创造的

---

① 习近平. 习近平谈治国理政：第三卷 [M]. 北京：外文出版社，2020：144.
② 习近平. 建设中国特色中国风格中国气派的考古学 更好认识源远流长博大精深的中华文明 [N]. 人民日报，2020-09-03 (1).

贡献，会更加增强民族自豪感，从而更加热爱具有悠久历史和灿烂文明的新中国。这样的论述，给当前的青年爱国主义教育指明了新方向、开辟了新路径并提供了文化自信的源头支撑，可将其归入新时代青年爱国主义"教育论"的范畴。

六是提出了港澳青年爱国主义教育论述。在新时代，党和国家特别重视对港澳青少年的爱国主义教育，习近平总书记多次视察香港澳门并面向港澳青年发表系列关于爱国主义教育的重要讲话，引领着广大港澳青年在明责增信中自觉维护"一国两制"，坚持爱国和爱港爱澳的统一。习近平总书记认为，对港澳青年进行爱国主义教育要明责增信。关于明责，他在澳门大学考察时讲话指出，弘扬爱国主义精神是澳门青年一代的毕生之责。他还在爱国主义的语境下指出，要大力弘扬爱国主义精神，继承爱国爱澳传统。这给做好港澳青年爱国主义教育以明确指引，要教育港澳青年明确自身对国家、香港和澳门的责任，有了这种责任感，才能激发港澳青年爱国爱港爱澳的热情和行动。关于增信，习近平总书记指出，要学习和了解我们民族和国家的历史。因为港澳青年在对中华民族五千多年悠久历史和灿烂文明的学习和了解中，能增强民族自豪感和文化自信，进而涵养爱国主义情怀，增强作为一个中国人的骨气和底色。习近平总书记还指出，港澳青年爱国要选择正确道路，要以实际行动服务港澳、报效国家，这为港澳青年践行爱国主义提供了明确的价值引领和实践遵循。总之，习近平总书记关于港澳青年爱国主义教育的论述，是新时代青年爱国主义教育理论的重要组成部分，不但充分体现了党和国家对做好港澳青年爱国主义教育的最新思考，还科学地揭示了港澳青少年爱国主义教育的主要内容和路径方式等，为做好针对港澳青年的爱国主义教育系统地指明了新的方向，提供了新的理论遵循。

另外，在全国抗击新冠肺炎疫情表彰大会上，习近平总书记高度赞扬了青年的贡献，并且提出了伟大抗疫精神是爱国主义传承和发展的论述，给予了广大青年强大的爱国精神引领和战胜新冠肺炎疫情的信心。同样，以习近平同志为核心的党中央在对脱贫攻坚精神、抗美援朝精神等进行论述和对外宣传的时候，亦结合青年爱国主义的语境进行论述，在给广大青年以丰富的爱国精神引领的同时，极大地丰富了党的青年爱国主义精神谱系。

总之，在新时代，党和国家把加强青少年的爱国主义教育摆在更加突出的位置，增添了青年爱国主义教育新内容，开辟了青年爱国主义教育新路径，给广大青年增添了爱国奋斗的无穷正能量。这里，特别值得一提的是《新时代爱国主义教育实施纲要》的制定和印发。制定纲要的一个重要的原因，就是以习近平同志为核心的党中央在爱国主义理论和实践方面取得了显著成效，而纲要也将新时代青年爱国主义理论充分融入其中，这体现了党的意志和国家意志的高度统一，意味着新时代青年爱国主义理论进入落地生根全国执行层面。

第二节　新时代青年爱国主义理论的主要内容

进入新时代后，党和国家站在国家民族复兴和世界人类命运与共的高度，对青年爱国主义进一步论述，形成了新时代青年爱国主义理论思想体系，为青年廓清了爱国主义的价值认知、阐明了时代内涵、指明了实践方向。这也启发本书从"价值论""内涵论""教育论""践行论"等四个环环相扣的方面阐释新时代青年爱国主义理论的深厚意蕴。如此，不但有利于青年认清爱国主义的重要性，把握爱国主义的时代内涵，掌握爱国主义的实践路径，而且对深化该理论的研究，做好新时代的青年爱国主义教育，均具有重要价值和意义。从逻辑关系上讲，"价值论"是逻辑起点，为"教育论"和"践行论"提供价值支撑；"教育论"是逻辑中介，为主体作用于客体搭建桥梁；而"内涵论"则为"教育论"和"践行论"提供实践遵循内容；"践行论"是逻辑终点，是将"价值论""内涵论""教育论"落在实处的落脚点。

一、新时代青年爱国主义"价值论"

青年爱国主义"价值论"是总结和论述新时代青年爱国主义理论主要内容的逻辑起点。关于青年树立爱国主义精神重要性的重要论述，回答的是青年为什么要坚定爱国主义的问题，而研究关于青年树立爱国主义精神重要性的论述，是掌握新时代关于青年爱国主义的内涵、教育、实践路径重要论述的逻辑前提。换言之，新时代青年爱国主义理论中主要内容的"内涵论""教育论""践行论"是建立在其肯定青年爱国主义价值基础上的，对党和国家特别是习近平总书记关于青年爱国主义价值论述的全面把握和准确理解，有助于更好地理解党和国家对新时代广大青年树立和坚定爱国主义精神，进而担当民族复兴大任的殷切厚望。

（一）爱国主义是中华民族精神的核心

自古以来，中华民族就形成了爱国主义的优良传统，爱国主义也成为植根于每个中华儿女内心深处的基本道德情操，成为中华民族历史长河中激昂的主旋律。进入新时代以来，习近平总书记在众多场合，从爱国主义和中华民族精神的关系高度，直接或间接面向青年论述爱国主义的重要意义。自从 2012 年 11 月 29 日习近平总书记在参观《复兴之路》展览时提出该论述后，他又在纪念中国人民抗日战争暨世界反法西斯战争胜利 69 周年座谈会上的讲话以及其他重要讲话中和在南开大学考察时讲话中多次论述"爱国主义是中华民族的民族心、民族魂"。① 特别是在 2019 年 4 月 30 日纪念五四 100 周年大会上，习近平总书记再次面向全国各界青年，高扬爱国主义的崇高价值："爱国主义是我们民族精神的核心，是中华民族团结奋斗、自强不息的精神纽带。"②

这些论述充分说明了，进入新时代以来，以习近平同志为核心的党中央高度重视爱国主义，深刻认识到爱国主义对中华民族的永续发展起着至关重要的作用，在民族精神中处于特别重要的地位，以此来激发人民特别是广大青年的爱国热情和爱国力量，无疑具有强大的吸引力和感召力。众所周知，在几千年来的传承发展中，中华民族形成了以爱国主义为核心的伟大民族精神。那么，为什么特别强调是爱国主义而不是其他什么主义或精神在中华民族精神中居于核心地位呢？这是因为：

第一，爱国主义的核心地位是中华民族精神发展的历史必然。在中华民族精神发展过程中，既有着传统精神的延续，又有着时代精神的融合，而在这个动态变化的过程中，始终不变的精神就是爱国主义。首先，爱国主义贯穿于中华民族精神历史的始终。在几千年的历史长河中，为什么中华民族能够顽强生存和不断发展呢？对此，习近平总书记总结到："很重要的一个原因，是我们民族有一脉相承的精神追求、精

---

① 习近平寄语南开师生：只有把小我融入大我，才会有海一样的胸怀，山一样的崇高 [EB/OL]. 新华网，2019-01-18.
② 习近平. 在纪念五四运动 100 周年大会上的讲话 [N]. 人民日报，2019-05-01（2）.

神特质、精神脉络。"① 在这种精神追求、精神特质和精神脉络中，爱国主义是居于核心地位的。从爱国主义的历史发展来看，爱国主义在统一的多民族国家形成之前以朴素的形态呈现，自秦统一六国，建立统一的多民族国家后，中国的历朝历代均高度推崇爱国主义，视爱国主义为崇高的价值追求和思想主题。在爱国主义的感召下，中国各个历史时期都涌现出了深具家国情怀、以民族大义为先、以国家利益为重并愿意为此牺牲个人利益甚至是生命的光辉事迹和民族英雄。中国共产党带领中国人民进行革命、建设和改革的百余年历史过程，充分体现了党对国家民族的历史使命和责任担当，谱写了一部光辉的爱国主义奋斗史，一部党带领青年践行爱国主义优良传统的传承史。其次，爱国主义是中华民族精神形成的内在机理。中华民族在几千年的民族融合、思想交流和文化整合的过程中，积淀出具有强大生命力的中华民族精神，它使各个民族高度认同中华民族的"多元一体"，培养了全体中华民族成员忠于国家民族整体利益的根本价值取向。这种根本价值取向，以国家民族的整体发展为价值标准，吸收有益的优秀文化，淘汰落后观念，从而使中华民族精神绵延不衰。正是有了爱国主义伟大的凝聚和整合作用，中国青年才能一直为国家强盛和民族振兴而奋斗，助力中华民族经历无数动荡和分裂而屹立不倒，进而重整旗鼓以更加昂扬的姿态继续向前发展。

第二，爱国主义的核心地位源于其自身独特的价值。爱国主义精神和其他民族精神共同构成了中华民族的精神体系，之所以爱国主义居于核心地位，是因为爱国主义具有其他民族精神所不具备的属性和特点：一是社会调控范围广。相比于爱国主义精神，其他中华民族精神也具有

① 习近平．习近平谈治国理政：第一卷 ［M］．北京：外文出版社，2014：181.

一定的社会调控功能，但是其他民族精神的社会调控范围大都集中于思想道德领域，侧重于非硬性的道德自律，缺乏刚性约束力；而爱国主义精神同时兼具政治原则和法律义务，带有更多的他律性和强制性，具有道德、政治、法律的三重属性。这种独特的三重属性，让爱国主义精神自律和他律结合，柔性和刚性结合，且在内容上相互协调，在作用上互补，调控范围能涵盖其他民族精神所不能涵盖的社会生活各个方面，具有其他民族精神不具备的独特价值。二是内涵可延伸性大。爱国主义既是热爱祖国自然地理环境、骨肉同胞、灿烂文化的一种深厚情感，又体现为一种强烈的民族自尊心、自信心和自豪感，还是一种愿意为祖国的强盛而奋斗和牺牲的志向和行动，也包括把国家和民族利益放在个人利益之上的调节个人与祖国之间关系的行为规范等，具有多层次、多方面且可延伸性强的丰富内涵。事实上，中华民族精神是紧紧围绕爱国主义并以爱国主义为核心建立起来的精神体系。换言之，千百年来的发展中，无论中华民族精神以何种方式呈现，都是爱国主义精神在不同内涵、不同维度上的延伸。这种可延伸性极大的内涵，涵养出中华民族精神及其多样化的表现形式，为中华民族的代代相传和永续发展提供了丰厚的精神滋养，体现了独特的价值。三是价值引导力强。一方面，作为一个地理、文化和政治的集合体，爱国主义中的"国"，可形象地比喻为一种社会公认的"最大公约数"，它承载着中华民族全体成员的向往与追求，涉及各个阶层的社会生产关系，汇聚各个群体的基本利益诉求，因此备受全体社会成员瞩目；另一方面，爱国主义这种对"国"的情感抒发和行为表达，深具公共说服力和示范引领力，不但容易引起民族成员的关注与共鸣，而且能迅速引领社会中形成价值共识和强大合力，从而让爱国主义精神拥有较之其他中华民族精神更为强大的感染力、凝聚力和动员力，具有价值引导力极强的显著优势，从而促进了爱国主义核心地位的形成和牢固树立。

第三，爱国主义的核心地位是当代中国发展的现实诉求。在离中华民族伟大复兴最近的历史时期，在世界百年未有之变的当前历史条件下，我们必须更加强调爱国主义在中华民族精神中的核心地位。这是因为，一方面，新时代要大力弘扬爱国主义的优良传统来弘扬和培育具有时代特点的中华民族精神；另一方面，大力弘扬爱国主义精神并坚持其核心地位更是中华民族实现民族复兴的必然依靠。首先，从精神动力上，爱国主义为实现民族复兴提供强大的精神动能。中国共产党提出的"中国梦"思想，既振奋人心又任重道远，而爱国主义精神是唤起爱国热情，凝聚民族力量，增强中华民族生命力、凝聚力和创造力的不竭动力，对于实现中华民族伟大复兴中国梦具有重要的作用和意义。因此，必须高举爱国主义这面动员和鼓舞广大人民特别是广大青年团结奋斗的旗帜并坚持其在民族精神中的核心地位，这样才能不断夯实全体国人共同团结奋斗的思想基础，激发责任感和使命感，形成促进国家发展进步的强大精神动能。其次，爱国主义是化解社会矛盾的有效途径。从当前国家的发展情况来看，社会主义初级阶段的发展阶段没有变，在高新科技领域被西方发达资本主义国家"卡脖子"的情况时有发生，仍需要不断全面深化改革以增强综合国力，为中国梦的实现积淀力量。在全面深化改革的进程中，需要处理好各种错综复杂社会矛盾，否则就会影响国家的安定和团结，这就需要高举爱国主义的大旗并坚持爱国主义的核心地位，以有效化解社会深层次矛盾和风险，最大程度上凝聚社会共识，将每一位中华民族成员特别是广大青年的命运与整个中华民族的命运紧密相连，以中国国家利益和中华民族利益为最高价值，进而推动中华民族伟大复兴的不可逆转及早日实现。再者，爱国主义是维护国家意识形态安全的有力武器。随着全球化的深入发展，西方敌对势力对中国的思想文化渗透不断加剧，他们以青年为主要渗透目标，通过散布"爱国主义过时论""人权高于主权""主权有限论"等所谓的"普世价值"，企图侵蚀青年的爱国思想基础，继而颠覆社会主义国家政权。面对西方意识形态的严峻挑战和有意渗透，我们必须坚持爱国主义在中华民族精神中的核心地位，才能增强社会主义中国对青年的凝聚力和向心力，巩固青年的民族和国家认同感，进而提升广大青年的民族自尊心、自信心和自豪感，构筑中华民族的共同精神家园，维护国家意识形态安全。

总之，正是因为爱国主义的民族精神，让中华文明传承数千年而不中断，让中国人民推翻"三座大山"站了起来；让中华儿女拨乱反正，开辟中国特色社会主义道路"富"了起来；让中华儿女接力奋斗，逐步走近世界舞台的中央"强"了起来。作为时代先锋的中国青年，一定要认识到爱国主义的重要价值和意义，自觉坚持和维护爱国主义的核心地位，让爱国主义的优良传统永续传承，让爱国主义的伟大精神发扬光大，为中华民族的永续发展和实现民族伟大复兴铸魂奠基。

（二）爱国主义是实现中国梦的精神支柱

中国共产党提出的"中国梦"思想道出了人民的心声，反映了国家的发展需要，一经提出就迅速为我国广大人民群众所接受，形成民族的共识并引起世界瞩目。之后，习近平总书记在众多场合对中国梦进行论述，丰富了中国梦的内涵，扩大了中国梦的影响力，增强了中国梦的引领力。

中国梦是习近平担任党的总书记后提出的治国理政目标，也是新时代中国共产党的一个重要执政特色。当前，我们比历史上任何时期都更接近中华民族伟大复兴的目标，然而，中国梦不是敲锣打鼓、顺顺当当就能实现的，"追梦"的道路上，一个很重要的方面就是要注意培养"圆梦"的精神支柱，这其中，爱国主义就是最重要的精神支柱。正如习近平总书记指出的，实现中国梦必须弘扬中国精神。① 伟大的事业需要伟大的精神，对此，习近平总书记还强调，要大力弘扬伟大爱国主义精神，大力弘扬以改革创新为核心的时代精神，为实现中华民族伟大复兴的中国梦提供共同精神支柱和强大精神动力。② 显然，在新时代，党和国家不但指出了爱国主义对于实现中国梦具有重要意义，而且明确提出了爱国主义是实现中国梦的精神支柱的观点。

马克思辩证唯物主义认为，精神力量在一定条件下可以转化为物质力量，深谙马克思辩证唯物主义的中国共产党人深知，要实现中华民族伟大复兴的中国梦，经济上要发达，精神上也不能落后，要善于利用"爱国主义"的精神力量，去支撑"中国梦"的实现，即把爱国主义精神牢固树立为实现中国梦的精神支柱，这是因为：

第一，爱国主义能激发广大青年为实现中国梦而奋斗奉献的激情和斗志。新中国成立 70 多年来，一方面，我国已经成为世界第二大经济体；另一方面，人均国内生产总值仍然远低于发达国家水平。一方面，国内的发达地区已经达到甚至超越一些西方发达资本主义国家水平；另一方面，还存在不少落后地区和贫困人口。一方面，国家的整体创新能

---

① 习近平. 习近平谈治国理政：第一卷［M］. 北京：外文出版社，2014：40.

② 习近平. 大力弘扬伟大爱国主义精神 为实现中国梦提供精神支柱［N］. 人民日报，2015-12-31（1）.

力有了较大的提升并且青年队伍建设良好，发展潜力巨大；另一方面国家的基础科学薄弱，尚缺乏原始创新……在这样的基本国情之下，更需要伟大的精神力量支撑来凝心聚力，打造实现中国梦的强大合力，这种精神支撑首先就来自爱国主义精神。另外，在实现中国梦的伟大事业中，不可避免地会遇到各种艰难险阻。要克服困难险阻，必须用爱国主义精神来激发广大人民群众特别是青年的激情和斗志，让更多的社会成员特别是青年成为忠诚的爱国奋斗者。"航天报国的嫦娥团队、神舟团队平均年龄是 33 岁，北斗团队平均年龄是 35 岁。"[1] 在这些青年英杰建功立业的背后，不正是爱国主义精神激发出的冲天干劲和忘我奋斗的热情吗？再者，在社会主义市场经济对人们特别是青年的价值观念产生冲击的背景下，能引领功利主义、极端个人主义等不良社会思潮，弘扬"大我"精神的，也只有爱国主义精神。所以，必须发挥爱国主义的精神支柱作用，激发每个国人特别是青年为国家奋斗奉献的激情和斗志，为实现中国梦而奋斗。

第二，爱国主义支撑维护祖国统一和民族团结。中国是一个多民族的国家，实现中国梦，需要祖国统一和民族团结作为支撑，而支撑祖国统一和民族团结的，就是爱国主义精神，其中，各民族青年是否树立祖国统一和民族团结的爱国观更是至关重要。当前的中国，一方面，祖国统一和民族大团结是主旋律，但另一方面，还面临着国内外一些敌对势力破坏祖国统一和民族团结的挑战，他们费尽心机地蛊惑青年，挑拨民族关系，制造事端，鼓吹教唆"疆独""藏独"，明里暗里支持"港独""台独"，企图破坏祖国统一，阻碍民族复兴的进程。所以，要从维护中华民族伟大复兴中国梦这个大局着眼，充分发挥爱国主义的精神支柱

---

① 习近平. 在纪念五四运动 100 周年大会上的讲话［N］. 人民日报，2019-04-30（2）.

作用，让中华各民族成员永远团结在一起，让各民族青年更加认同伟大的祖国，更加认同中华民族的"多元一体"，更加认同优秀的中华民族文化，更加认同中国共产党和中国特色社会主义，旗帜鲜明地反对分裂国家的图谋和言行，维护国家的根本利益。

第三，爱国主义支撑中国既立足民族又走向世界。中国梦是融通民族和世界的梦。一方面，中国要调动整合本国的资源和力量来发展自己并以更加开放的姿态，学习和借鉴其他国家发展的经验、其他民族的智慧，从不同文明中寻求智慧、汲取营养，助推中国梦的实现；另一方面，中国的爱国主义，不是狭隘的民族主义，不是煽动民族主义情绪的"一国梦""排他梦"，而是继承"各美其美、美人之美、美美与共、天下大同"的优秀传统，重新认识人类共同利益，积极探索共同价值的崭新实践，是提倡构建人类命运共同体的情感和行为表达。在这种爱国主义精神支柱的支撑下，中国梦必将与世界各国的梦想相通相连，互为支撑，促进世界各国和人类文明的发展进步。

言而总之，中国梦和青年梦，两者互为支撑，相辅相成。一方面，中国梦的实现，要靠青年的爱国奋斗去实现，青年在梦想达成的过程中，为中国梦作出巨大的贡献；另一方面，中国梦的实现，会为青年搭建更为广阔的平台，助力青年梦想更为优质高效的实现。青年一定要深刻认识到爱国主义对中国梦的精神支柱作用，树立和中国梦同心同向的梦想目标，在投身民族复兴伟业的征程中绽放青春风采、实现青春价值。

（三）爱国主义是青年立德立功之本

进入新时代以来，习近平总书记在多个场合进一步论述爱国主义的重要性，激励青年在为国家和人民的奋斗奉献中成长成才，实现人生价值。习近平总书记不仅认为，青年只有涵养爱国主义的大德才能成就大业①，他还强调，爱国，是一个人立德之源、立功之本。② 可见，以习近平同志为核心的党中央明确地提出了爱国主义是青年立德立功之本的重要论述。

为什么爱国主义对青年成长成才具有重要价值和意义呢？第一，爱国主义是青年人生中最基本的东西。习近平总书记早在浙江工作时期，就曾对在浙高校学生指出："虽然人生道路很长，但关键处只有几步；虽然人生问题很复杂，但要害在于把握住最基本的东西。"③ 这里，习近平总书记所说的"最基本的东西"指的是青年大学生要树立爱祖国、爱人民、爱共产党、爱社会主义的基本价值取向，因为只有先把握好人生中最基本的东西，积累好成长成才必备的基本素质，才能成大器、立大业。第二，爱国主义是青年的动力之源。青年的成长成才在一定程度上受精神动力的影响，那么，怎么样才能增强动力，促进青年成长成才呢？在福建宁德工作时期，习近平总书记与宁德师专师生座谈时指出："青年学生要注意从历史中汲取营养，树立民族自尊心，增强历史的责任感和使命感，树立正确的政治观点，把握正确的政治方向，培养正确的人生观和世界观。"④ 青年通过学习中国的历史，就会更加明白自己肩上担负的使命与责任，在增强爱国心的同时，涌现源源不断的动力，进而更好地成长成才，报效祖国。第三，爱国主义是青年学生的思想"防护墙"。基于青年在成长成才中，容易受到民族虚无主义等一些不

---

① 习近平. 习近平谈治国理政：第一卷 [M]. 北京：外文出版社，2014：173.
② 习近平. 在北京大学师生座谈会上的讲话 [N]. 人民日报，2018-05-03（2）.
③ 浙江省委书记习近平为杭州高校学生作报告 [N]. 浙江日报，2007-06-21.
④ 习近平与宁德师专学生的一席谈 [EB/OL]. 中国青年网，2015-05-04.

良思想影响的现象，习近平总书记在指出民族虚无主义危害的同时，要求不断加强爱国主义教育，用爱国主义的"防护墙"保护学生思想不受毒害，健康成长成才。第四，爱国主义是青年立身之本和成才之基。一方面，热爱祖国是公民最基本的道德规范，是宪法规定的公民基本义务，是青年应该具备的良好品质。如果一个青年连对自己的祖国都没有热爱之情，那么，他就会被认为缺乏最基本的道德情操，失去了做人最基本的原则，更不会被认为是一个爱家、爱工作、爱他人的人，不可能成为社会的有用之才；另一方面，社会需要对青年的成长具有巨大的促进作用，是青年成长的根本动因。而祖国需要是诸多社会需要中的"最高需要"，是高于一切需要的需要，它可以内化为青年持久、永恒的创造动力，激发青年产生崇高的理想目标，坚定奋斗志向。爱国主义是青年立身之本和成才之基的重要论述具有重要的价值和意义，它告诫青年，人的自我价值不能脱离于人的社会价值而存在，任何离开祖国需要和人民利益的孤芳自赏，都会使青年陷入越走越窄的狭小天地；它启示青年，只有心怀大我，到人民群众中去，到新时代新天地中去，把自身的成长成才融入国家和民族的事业发展中，才能实现人生的出彩；这指引青年，要把爱国主义作为激励自身自强不息的强大精神力量，树立起深厚的爱国情感、坚定的强国志向并做出切实的效国行动，就一定能让理想信念在奋斗奉献中升华，在为党和国家，为民族和世界作出贡献中，实现中国青年的价值，展现中国青年的风采。

二、新时代青年爱国主义"内涵论"

新时代青年爱国主义理论中关于青年爱国主义主要内涵的重要论述，回答的是当代中国青年要坚持什么样的爱国主义的核心问题，这也是新时代青年爱国主义理论的核心内容。以习近平总书记为例，他一直高度重视以什么样的爱国主义内容对青年进行教育引导。在地方工作时期，他就提出了众多关于青年爱国主义的论述，其内涵可概括为"热爱祖国和热爱家乡的统一""爱祖国、爱人民、爱共产党、爱社会主义的统一""立志做大事和自讨苦吃的统一"等。这些论述不但为当时习近平主政地方的青年爱国主义教育提供了基本内容，更为担任党的总书记后，进一步丰富、升华关于青年爱国主义内涵的重要论述积累了经验，奠定了基础。进入新时代后，以习近平同志为核心的党中央站在党和国家事业发展全局的角度，站在人类生存和发展的高度深度思考，提出了内容更加丰富、内涵更加深刻的关于青年爱国主义内涵的重要论述，主要有：

（一）树立和中国梦同心同向的理想信念

继提出"中国梦"思想后，中国共产党又提出了中国梦是当代中国爱国主义鲜明主题的重要论述，赋予爱国主义崭新的历史范畴和鲜明的时代特征。同时结合青年工作强调，实现中华民族伟大复兴的中国梦，不仅是党和国家工作大局，还是中国青年运动的时代主题。特别是习近平总书记将中国梦与当代中国爱国主义和当代青年运动的时代主题联系起来，多次直接或间接面向青年，用爱国主义的大旗凝聚青年，激励青年，对中国梦的内涵进行论述，对中国梦和青年的关系进行阐释，希望每个青少年都为实现中国梦贡献青春力量，指引着当代中国青年，坚定爱国主义要树立和中国梦同心同向的理想信念，这是当代中国青年坚定爱国主义的核心要义。

第一，中国梦是包括广大青年在内的每个中国人的梦。习近平总书记在给青年大学生的回信中曾指出："中国梦是国家的梦、民族的梦，也是包括广大青年在内的每个中国人的梦。"① 这指引青年，一是要正确理解中国梦和青年梦之间的双向互动关系，二者互相成就，互为因果。一方面，只有国家繁荣昌盛，才能为青年的个人梦想实现提供坚实的依托和切实的保障；另一方面，广大青年也要响应时代召唤，把青春梦想和人生追求自觉融入实现中国梦的伟大征程中，共建共圆伟大梦想。二是要正确理解中国梦和青年梦是共同梦想和个人梦想的关系。中国梦包含着青年的个人梦想，青年要提升境界，处理好个人梦想之"小我"和共同梦想之"大我"的关系，以个人梦想成就共同梦想，共同梦想才能尽快实现；以共同梦想支撑个人梦想，个人梦想才能更加光辉灿烂。

第二，为中国梦而奋斗是中国青年运动的时代主题。不同的时代赋予青年不同的任务，有着不同的青年运动主题。抗日战争年代的主要任务是抵抗侵略，挽救国家，那么，当时青年运动的时代主题就是救亡图存。当今时代，随着中国具备了实现民族复兴的基础和条件，实现中国梦并为之奋斗就成了当今中国青年运动的时代主题，正如习近平总书记指出的："为实现中华民族伟大复兴的中国梦而奋斗，是中国青年运动的时代主题。"② 青年兴则国家兴，青年强则国家强。青年是实现"中国梦"的生力军和突击队，只有抓住当前爱国主义的主题，自觉将个人梦想融入国家梦，将个人的幸福融入人民的幸福，青年才能把握当前爱国主义主要矛盾，完成当前爱国主义的主要任务，进而在实现伟大梦

---

① 习近平. 给北京大学考古文博学院二〇〇九级本科团支部全体同学的回信 [N]. 人民日报，2013-05-05（1）.

② 习近平. 在同各界优秀青年代表座谈时的讲话 [EB/OL]. 中央政府门户网站，2013-05-05.

想中实现个人人生价值的提升。

第三，中国梦的实现离不开青年的接力奋斗。正如习近平总书记指出的："中华民族伟大复兴终将在广大青年的接力奋斗中变为现实。"①具有悠久历史和灿烂文化的中华民族曾长期走在世界的前列，然而，自从鸦片战争击碎天朝上国的迷梦，中华民族逐步陷入了半殖民地半封建社会的深渊，成为任由列强欺凌的"东亚病夫"，甚至一度沦落到亡国灭种的边缘。从那时起，一代又一代中国人内心深处就有了中华民族伟大复兴的梦想和渴望。这个梦想和渴望，不是一朝一夕之功，也不能"功成一役"，而是一个长期追求和接续奋斗的过程，需要广大青年接续接力传承发展。作为党和国家的未来，作为实现中国梦的生力军和突击队，青年必须勇于担当，勇于接过时代的接力棒，为中国梦的实现作出当代中国青年应有的贡献，这样，中国梦才终将在代代青年的接力奋斗中得以实现。

第四，当代中国青年"生逢其时并重任在肩"。生逢其时，指的是当代中国青年的成长过程和中国梦的实现过程具有完全的同步性，正如习近平总书记指出的："实现'两个一百年'奋斗目标，你们和千千万万青年将全过程参与。"② 重任在肩，指的是当代中国青年要树立和中国梦同心同向的理想信念。历史和现实告诉我们，国家的发展与青年成长成才相辅相成，青年在以青春力量贡献于国家发展的同时，国家也给青年搭建了广阔的平台助力青年进步向上。因此，当代中国青年，在为中国梦的实现作出贡献的同时，也享受着实现中国梦进程中的巨大机

---

① 习近平 . 在同各界优秀青年代表座谈时的讲话［EB/OL］. 中央政府门户网站，2013-05-05.

② 习近平 . 青年要自觉践行社会主义核心价值观［EB/OL］. 新华网，2014-05-05.

遇。"当代青年要树立与这个时代主题同心同向的理想信念，勇于担当这个时代赋予的历史责任，励志勤学、刻苦磨炼"①，则必将在实现中国梦的伟大实践中书写别样精彩的人生。

（二）坚持爱国和爱党、爱社会主义高度统一

进入新时代后，习近平总书记强调："只有坚持爱国和爱党、爱社会主义相统一，爱国主义才是鲜活的、真实的，这是当代中国爱国主义精神最重要的体现。"② 随着治国理政实践的不断深入，习近平总书记对爱国主义的论述也在不断丰富和发展，他从国家、党、社会主义是命运共同体的角度对三者的关系进行了论述，并提出了"坚持爱国和爱党、爱社会主义高度统一"③ 的当代中国爱国主义本质论。从"坚持爱国和爱党、爱社会主义相统一"到"坚持爱国和爱党、爱社会主义高度统一"，从"当代中国爱国主义精神最重要的体现"到"当代中国爱国主义的本质"，这充分体现了党和国家对爱国主义内涵认识的深化和对爱国主义本质的精准把握，其中的逻辑遵循主要有：

第一，历史逻辑，历史的结论和人民的选择。中国共产党成立百年来，团结带领全国各族人民进行的革命、建设和改革开放的过程，也是马克思主义爱国主义中国化的伟大过程。正是因为有了中国共产党，中国的革命才有了正确的领导和方向，才取得了新民主主义革命的胜利，让中国从"三座大山"的压迫下解放出来，让中国人民从此挺直腰杆站了起来。"没有共产党，就没有新中国""只有中国共产党，才能救

---

① 习近平. 在中国政法大学考察时的讲话［N］. 人民日报，2017-05-04（2）.
② 习近平. 大力弘扬伟大爱国主义精神 为实现中国梦提供精神支柱［N］. 人民日报，2015-12-31（1）.
③ 习近平. 在纪念五四运动100周年大会上的讲话［N］. 人民日报，2019-04-30（2）.

中国"，中国共产党一部"救亡图存"的爱国奋斗史，赢得了人民的衷心爱戴是历史的选择，体现了"爱国和爱党高度统一"的历史逻辑。

从历史的逻辑来看，社会主义更是历史的结论和人民的选择。近代中国的舞台上，各种政治势力和主义主张纷纷打着救国救民的口号"粉墨登场"，最终却因缺乏真理性而只是引得一时喧嚣。倡导三民主义的资产阶级革命失败了，不仅仅是因为资产阶级的软弱性、妥协性，根本原因是其解决不了中国的独立问题、土地问题及民主和统一问题，并且帝国主义不允许中国通过走上资本主义道路强大起来而影响了他们在中国的特殊利益。改良主义者"改造中国必须从研究和解决具体问题入手"的主张失败了，因为"只有用革命的方法解决中国社会的问题，一个一个具体问题才有解决的希望"。在"温和改良"中实现社会主义的主张失败了，是因为只有通过马克思主义的社会革命，才能"打碎一个旧世界，重建一个新世界"。无政府主义主张失败了，其否定无产阶级专政存在的必要性，大谈绝对自由，维护分散、落后的小生产状态的理论缺陷，导致了其传播和实践的失败。社会达尔文主义认为，优胜劣汰的自然法则在社会领域同样适用，弱者只能遭受淘汰的命运，难道当时积贫积弱的中国只能走向灭亡的宿命吗？倡导"有用便是真理"的实用主义，回答不了谁才能救中国，怎么样才能救中国，中国要走向哪里等关乎中国前途命运的根本问题，因此和其他诸如民粹主义、工团主义等一样均失去了人民的支持，成为历史的匆匆过客。最终，倡导社会主义的马克思主义在与各种思潮的激荡碰撞中大浪淘沙，烈火见金，绽放出真理的耀眼光芒，无可辩驳地证明了其是真正能救国救民的爱国理论，得到了历史和人民的认可。

第二，理论逻辑，爱共产党领导的社会主义新中国。邓小平指出，祖国不是抽象之物，"不爱共产党领导的社会主义的新中国，爱什么呢？"① 一针见血地指出了"不爱社会主义不等于不爱国"这种论调的错误之处：爱国主义中的"国"是和一定社会制度相结合的"国"，世界上不可能有脱离一定社会制度的国家存在。马克思、恩格斯认为，无产阶级政党的性质必须是无产阶级先锋队。中国共产党成立以来，历经革命、建设和改革开放的锤炼，始终坚持无产阶级的政治立场，坚持"三个代表"，打造"两个先锋队"，并且党除了工人阶级和最广大人民群众的利益，没有自己特殊的利益。中国共产党成立百年来，怀揣救国救民、振兴中华理想的中国共产党人用伟大的牺牲和奉献精神不断践行着"革命救国、建设报国、改革强国"的伟大爱国实践，培育出了"站起来、富起来、强起来"的爱国成果，成为中国"爱国主义的主导者、爱国方针的制定者、爱国理论的创立者、爱国实践的推动者"。② "爱人者，人恒爱之"。对于这样救国救民、富国富民、强国强民，一心为国为民、大公无私的中国共产党，难道不值得任何一个理性的爱国者真心去爱吗？

从社会主义制度的理论内涵来看，社会主义和爱国主义具有内在的一致性。马克思主义倡导的社会主义之所以被称为科学社会主义，不仅仅是因为其倡导推翻资产阶级私有制，实行生产资料全民所有制，而是它真正代表全人类自由、平等、公正、文明、进步的发展方向，具有独特的价值魅力，是人类社会发展的必然趋势。其中，生产资料归全民所有是社会主义区别于资本主义最大的特征，这也规定了，全民所有制下的爱国主义是从根本上区别于资本主义私有制下的爱国主义，是真正的

---

① 邓小平. 邓小平文选：第二卷 [M]. 北京：人民出版社，1994：392.
② 温静. 中国共产党爱国主义思想史略 [M]. 北京：人民出版社，2019：4.

爱国主义而不是资产阶级倡导的"虚假的爱国主义""工人没有祖国"①，马克思、恩格斯在《共产党宣言》中如是指出，绝不是说要废除祖国，废除民族！不是意味着马克思主义是国家虚无主义、民族虚无主义！更不意味着马克思主义是反对"爱国"和排斥"祖国"的学说，而是教育引领工人阶级要站稳阶级立场，保持警惕，不要被资产阶级喊出的爱国主义口号迷惑，要确保无产阶级革命的纯洁性和坚定性。在我国，自从"三大改造"完成后，爱国主义就从理论、物质、实践上和社会主义具有了内在的高度一致性，让新中国真正成了人民的国家，绝不同于资本主义制度下的"工人没有祖国"。试问，自己的国家自己不爱，谁来爱？

第三，实践逻辑，汇流于中国特色社会主义。马克思、恩格斯认为：无产阶级政党的理论必须以科学的理论为行动指南。在行动指南方面：中国共产党坚持以马克思主义活的灵魂"辩证唯物主义和历史唯物主义"为指导，在革命阶段克服了理论上的"主观主义和教条主义"，形成了马克思主义行动指南的第一次中国化——毛泽东思想；在建设阶段"既学习苏联"又"探索适合中国国情的社会主义建设道路"，继续丰富和深化了毛泽东思想；在改革开放阶段冲破"两个凡是"的藩篱，"坚持改革开放，坚持四项基本原则"，走有中国特色的社会主义道路，形成了马克思主义行动指南的第二次中国化——邓小平理论；中国特色社会主义进入新时代以来，在治国、治党、治军、外交等方面形成了一系列新思想、新理念、新战略，有效地指引着中国强了起来，形成了习近平新时代中国特色社会主义思想等中国化的马克思主

---

① 中共中央马克思恩格斯列宁斯大林著作编译局.马克思恩格斯选集：第 1 卷［M］.北京：人民出版社，2012：419.

义行动指南。这充分体现了中国共产党以发展的马克思主义即科学的、与时俱进的马克思主义为行动指南的爱国理论的不断发展完善与成熟。

在坚持革命的纲领和策略方面：中国共产党在革命阶段，高举反帝反封建反官僚的爱国革命纲领，坚持农村包围城市，坚持工农联盟和最广泛的爱国统一战线等策略，完成了救国救民的爱国目标；在社会主义改造和社会主义建设阶段，制定过渡时期总路线的爱国纲领，通过对资本主义工商业"和平赎买"的正确策略，保证了社会主义改造爱国实践的成功并开始了在中国建设社会主义的探索；在改革开放和建设中国特色社会主义阶段，制定了"一个中心、两个基本点"的爱国纲领，实行"社会主义市场经济体制"的策略，完成了富国富民的爱国目标；在中国特色社会主义新时代，制定了"中国梦"的爱国纲领，实行"四个全面""五位一体"等策略，取得了世人瞩目的成就。

中国共产党还坚持民主集中制原则，坚持党的团结统一和党内斗争的正确方向，通过思想、组织和制度建设以及反腐倡廉等"全面从严治党"，保证了党员和领导者坚持无产阶级立场和国际主义的宏大胸怀，成了带领人民实现国家"独立、富裕、强大"并为人类作出贡献的领导核心。在中国共产党的领导下，中国昂首挺胸迈入新时代，快速走近世界舞台的中央，用"中国成就""中国震撼"等事实，有力地印证了"只有共产党才能发展中国""只有中国共产党才能实现中华民族的伟大复兴"的历史命题，体现了"爱国和爱党高度统一"的实践逻辑。

从实践的逻辑来看，爱国和爱社会主义高度统一汇流于中国特色社会主义。这是因为，在坚持社会主义制度是中国的根本制度前提下，中国共产党在实践中，把坚持马克思主义和发展马克思主义统一起来，走出了一条适合中国国情，具有中国特色的社会主义道路。实践证明，中国特色社会主义道路是当代中国爱国强国的道路，是保障中国全面建成小康社会的康庄大道，是引领中国实现社会主义现代化的光明大道，是指引中华民族实现中国梦的复兴之路，为走向共产主义，实现人的自由而全面的发展铺平了道路。面对着"一带一路"倡议的高度认同，"中国方案""中国智慧"的世界瞩目，哪一个理性爱国的中国青年不为之自豪，不思考这背后的力量——中国特色社会主义，进而更加自觉地热爱呢？

（三）坚持立足民族又面向世界

爱国主义是一个历史范畴。当前的历史条件赋予了当代中国青年爱国主义鲜明的时代内涵。正如习近平总书记指出的，当代中国青年坚持的爱国主义，绝不是狭隘的、封闭的爱国主义，是坚持立足民族又面向世界的爱国主义。

第一，具有家国情怀的优良传统。新时代中国共产党高度重视弘扬中华优秀传统文化，习近平总书记本身就是一个具有深厚家国情怀的人。一方面，"修身、齐家、治国、平天下"的优秀传统文化理念是习近平总书记立身行事的原则遵循，他大力倡导中华儿女要了解中华民族历史，秉承中华文化基因；另一方面，中华优秀传统文化又为习近平总书记治国理政提供了丰富的智慧滋养，亦是新时代青年爱国主义理论的思想渊源。在中华优秀传统文化智慧的滋养下，党和国家倡导的新时代青年爱国主义，深刻承继了中华优秀传统文化中家国情怀的优良传统，主要体现在：一是高度认同"天下之本在国，国之本在家"。习近平总书记指出，不论时代和生活格局发生多大变化，我们都要重视家庭建

设，注重家庭、注重家教、注重家风。① 他高扬中华民族传统家庭美
德，认为其是支撑中华民族薪火相传的重要精神力量；他认为家庭是人
生的第一个课堂，经常提倡对子女的精忠报国、崇德向善与做人气节教
育；他提出家风是社会风气的重要组成部分，大力倡导要注重家庭、家
教和家风建设并身体力行。二是要把爱家和爱国统一起来。习近平总书
记深谙国家、民族和家庭的辩证关系：家庭同国家和民族命运与共，家
庭好才能国家民族好，反之亦然。因此，他用中国梦统领三者之间关
系，大力倡导爱家和爱国的统一，把家庭梦融入民族梦之中，汇聚起万
千家庭实现中华民族伟大复兴中国梦的磅礴力量。总之，具有深厚家国
情怀的中国共产党及领导核心习近平总书记，在不同的场合，将家国情
怀传递或展现给广大青年，给当代中国青年爱国主义赋予了厚重又极具
时代气息的家国情怀内涵。

第二，具有创新开放的时代特征。一是改革创新是当代中国鲜明的
时代精神，没有改革创新，就没有当今中国的良好发展局面，因此，改
革创新成为当代中国爱国主义的应有之义。在全球化时代的当今世界，
综合国力竞争日趋激烈，各种思想文化交流交融交锋，需要中华民族承
继中华优秀文化传统并创造性转化和创新性发展，也需要吸收借鉴世界
上其他民族的优秀文化为我所用，这就需要当代中国青年的爱国主义内
涵里要具备改革创新的观念和意识，破除亦步亦趋和封闭僵化，这样的
爱国才不会成为缺乏生命力的空话。二是当代中国青年爱国主义必须具
有世界眼光和博大胸怀。随着经济全球化使各国紧密联系的程度逐步加
深，当今世界是开放的世界的特征越来越明显，越发展现出不可阻挡的

---

① 习近平. 在会见第一届全国文明家庭代表时的讲话［EB/OL］. 央视网，2016-12-
15.

趋势。中国需要开放的世界，开放的世界也需要开放的中国，因此，当代中国的青年爱国主义必须具有世界眼光和博大胸怀，要坚持在立足民族中面向世界，以百川汇海的胸襟和气魄，汲取不同文明中的智慧和营养，增强中华文明的生机活力并为世界作出更多的贡献。

第三，具有人类关怀的国际视野。马克思认为，无产阶级应牢固树立国际主义情怀，只有这样，才能以联合的力量推翻资产阶级的剥削统治。中国共产党提出的中国梦思想，继承了马克思主义的国际主义情怀又对马克思主义的爱国理论宝库有了新的贡献。中国梦不是狭隘的"你生我死"的中国梦，而是与世界梦息息相通"美美与共"的中国梦。作为地球的一员，中华民族应有对人类社会作出更大贡献的义务、责任和志向，在此基础上，中国共产党提出了人类命运共同体理念，它的核心要义就是为人类谋幸福。青年不仅是国家的未来，也是世界的未来。这就意味着，人类命运共同体理念下中国青年的爱国主义，不仅要有立足民族的家国情怀，为实现中华民族伟大复兴而奋斗；而且要有面向世界的人类关怀，要发扬四海一家、天下为公精神，为推动共建"一带一路"、推动构建人类命运共同体而努力。①

（四）尊重和传承中华民族历史和文化

进入新时代后，习近平总书记更加重视通过中华优秀传统文化来弘扬爱国主义精神，他曾结合自己的学习和成长经历，在与北京大学青年学生的交流中说，自己年轻时"一物不知深以为耻"，常常为了用好一个成语，翻阅很多词典。习近平总书记还对澳门青年强调学习和了解国家和民族历史对于弘扬爱国主义的重要性。可见，新时代中国共产党明

① 习近平. 在纪念五四运动 100 周年大会上的讲话［N］. 人民日报，2019-05-01（2）.

确地表达出了"当代中国青年坚定爱国主义就要尊重和传承中华民族历史和文化"的思想观点。为什么青年坚定爱国主义必须要尊重和传承中华民族历史和文化呢？这是因为：

第一，从情感培养角度来说，爱国主义情感培育和发展的重要条件就是对中华民族历史和文化的理解与认同。爱国，不仅仅是爱这个国家的秀美山川、同胞人民，还包含爱这个国家的历史和文化。这是因为，在中华民族悠久的历史和灿烂的文化中，爱国是中国文化的底色。正是中华民族历史和文化中蕴含的"以国事为己任""鞠躬尽瘁""公而忘私"的爱国精神，才使得中华民族经风雨而弥坚，淬烈火而愈强，使得中华文明永续传承。学习中华民族历史和文化中蕴含的独具魅力的爱国主义精神，能增强青年做一个中国人的志气、骨气和底气，进而更加热爱伟大祖国。如果一个青年，仅仅喜爱自己国家的美丽风景和同胞人民，而对这个国家的历史和文化不甚了解甚至不予认同，那么他的爱就是浅层次的感性的爱，不是深层次的坚定而又理性的爱。青年只有对一个国家的文明和文化具有理性之爱，才是从内心深处真正形成对这个国家深沉而持久的热爱。

第二，从价值功用角度来说，中华民族历史和文化对于青年坚定爱国主义具有独特的价值作用，对于青年树立和坚持正确的历史观、民族观、国家观、文化观具有重要意义。一是在中华民族历史和文化中，蕴含着丰富的历史信息和文明信息，形成的"以史为鉴"唯物主义历史观，既不厚古非今，又不虚无历史，能够帮助青年更好地了解中华民族和文明的源起及发展历程，了解中华民族辉煌的过去和国弱被人欺的近代悲惨历史，进而激发民族自豪感和责任感，厚植家国情怀，增强忧患意识；了解历朝历代治国理政的经验得失，进而鉴古知今，能够促进青年更加智慧地投身国家建设和发展。二是在中华民族历史和文化中，蕴含着"多元一体""民族平等"的民族观，反对国家分裂的"天下一统"观，各民族齐心协力守护祖国辽阔的疆域，汇聚智慧共同书写厚重悠久的历史、创造优秀文化，培育伟大民族精神。了解这些，能促进青年"中华民族大团结、同心共筑中国梦"的爱国价值观念的形成。三是在中华民族历史和文化中，形成了"国家统一"为核心价值观念的国家观，无论哪个民族入主中原，都以"天下一统"为己任，共同熔铸了以爱国主义为核心的伟大民族精神。了解这些，能促进青年维护国家统一和民族团结爱国观念的形成，进而有利于树立和坚定爱国主义信念。

第三，从"培养什么人"的角度来说，尊重和传承中华民族历史和文化是培养具有民族意识爱国青年的前提。近代以来，中国的苦难遭遇深深地刺痛了一批又一批爱国青年的心，激发了他们的爱国热情和爱国行为，但是，近代中国的衰落，也曾让一部分青年丧失了文化自信和民族自豪感，转而认同西方资本主义国家的生活方式和价值理念，成了"西方文明中心论"的拥趸。新时代，为了培养担当民族复兴大任的爱国青年，必须培养他们尊重和传承中华民族历史和文化，因为中华民族伟大复兴必须是包含文化复兴的全面复兴，中华民族的民族自信必须是包含文化自信的整体自信。复兴也好，自信也罢，作为一个爱国青年，民族意识是不可缺少的，不能忘记华夏儿女的血脉赓续和身份传承，这是弄清楚作为一个中国人"从哪里来"的根魂问题。因此，中国青年坚定爱国主义必须尊重和传承中华民族历史和文化。

（五）维护祖国统一和民族团结

进入新时代后，在中共中央政治局专题学习爱国主义的讲话中，习近平总书记指出："在新的时代条件下，弘扬爱国主义精神，必须把维护祖国统一和民族团结作为重要着力点和落脚点。"① 关于祖国统一和民族团结，习近平总书记还在全国民族团结进步表彰大会和全国人民代表大会等重要场合中讲话指出，实现中华民族伟大复兴，需要各民族共同努力奋斗，维护国家主权和领土完整，实现祖国完全统一，是全体中华儿女共同愿望，是中华民族根本利益所在。可见，党和国家在爱国主义的语境下，明确地提出了祖国统一和民族团结是中华民族的根本利益，对实现中华民族伟大复兴具有重要意义的思想观点。

为维护祖国统一和民族团结，习近平总书记特别重视青年的作用，他在出席《告台湾同胞书》发表 40 周年纪念会上指出，两岸青年要勇担重任、团结友爱、携手打拼。另外，2014 年 5 月，习近平总书记还在会见亲民党主席宋楚瑜一行时的谈话中指出，两岸青少年身上寄托着两岸关系的未来。可见，在中国共产党看来，维护祖国统一和民族团结是重要的爱国主义观念，于青年而言，维护祖国统一和民族团结就是新时代中国青年爱国主义的重要内容。

当前，中国的爱国主义面临着民族分裂主义的挑战，"疆独""藏独""台独"等势力不时挑起波澜，破坏民族团结，影响社会稳定，危害中华民族的根本利益。在中华民族大家庭中，青年既是国家的未来和希望，也是各民族的未来和希望。团结稳定不仅仅是中华民族各民族的福，也是中华民族各民族青年的福；分裂动乱不仅祸害中华民族各民族，也殃及中华民族各民族青年。为此，各民族青年要在习近平总书记关于维护祖国统一和民族团结系列重要论述的指引下，"像爱护自己的

---

① 习近平. 大力弘扬伟大爱国主义精神 为实现中国梦提供精神支柱 [N]. 人民日报，2015-12-31（1）.

眼睛一样珍惜民族团结"，为民族团结作出青年应有的贡献。

第一，要维护全国各族人民大团结的政治局面。全国各族人民大团结的政治局面是国家保持统一和稳定发展的政治前提。维护全国各族人民大团结的政治局面，就要牢牢坚持中国共产党的领导。中国共产党的历史，是一部用爱国主义大旗凝聚各民族力量的历史，无论是在革命、建设、改革开放的各个时期，都能够与时俱进地制定出科学合理的民族政策，构建赢得革命、建设和改革开放胜利的民族团结爱国合力。新时代，面临民族团结的新情况和新问题，各民族青年更需坚定不移地坚持党的领导，自觉抵制任何挑拨我们民族关系的政治势力，自觉抵制弱化甚至反对党的领导的言行，为维护全国各族人民大团结的政治局面作出青年应有的贡献，这也是青年坚定爱国主义的政治准则。

第二，要铸牢中华民族共同体意识。中华民族共同体意识，是战胜民族分裂思想的有力武器，是维护民族团结的强大思想根基。从本书青年爱国主义的研究视角来看，铸牢中华民族共同体意识对于增强我国各民族青年的中华民族认同感和国家认同感具有重要意义。为此，一是各民族青年要站在实现中华民族伟大复兴全局的高度，充分认识到铸牢中华民族共同体意识对于"筑牢民族地区社会的心理基石""协调各民族和国家之间的利益关系""促进各族群众形成正确的政治认同"的重要意义，在凝聚全体社会成员共有价值，为国家认同提供牢固的文化和心理基础中作出青年应有的贡献。二是要在世界百年未有之大变局中认清铸牢中华民族共同体意识面临的挑战。认清挑战，是各民族青年增强铸牢中华民族共同体意识责任感和使命感的前提。这种挑战，既有来自内部的"社会发展的不平衡不充分导致的心理落差对中华民族共同体意识的消解"等影响，也有来自外部的西方多元主义价值观对中华民族共同体意识心理基础产生的冲击，特别是西方敌对势力的渗透等。① 三是要为铸牢中华民族共同体意识作出青年的先锋贡献。具体而言，各民族青年既要在强化对中华民族历史的认识和认同中发挥先锋作用，为铸牢中华民族共同体意识培基固本；特别是要在增强对中国共产党的政治认同方面做好先行者，为铸牢中华民族共同体意识凝心聚力；也要在切实贡献于各民族共同繁荣发展中走在前列，为铸牢中华民族共同体意识奠定好物质基础；还要做发展中国特色社会主义文化的排头兵，为铸牢中华民族共同体意识塑造灵魂。另外，各民族青年要做坚决反对"两种主义"的领头雁。习近平总书记在中央民族工作会议上等不同重要场合指出，民族团结是关系祖国统一和边疆巩固的大事，为加强民族团结，要坚决反对大汉族主义和狭隘民族主义这两个民族团结的大敌。各民族青年一定要树立正确的民族观，认清"两种主义"的危害，自觉克服"两种主义"的干扰，为维护国家最高利益和民族团结大局作出青年的先锋贡献。

三、新时代青年爱国主义"教育论"

作为一种主义的爱国主义，不是先天产生而是经过后天培养教育才能树立的观念。青年爱国主义教育是青年践行爱国主义的逻辑前提，只有做好了针对青年的爱国主义教育，广大青年才能自觉、坚定地将爱国主义精神铭记于心间并落实在行动中。新时代以来，党和国家多次强调，必须把爱国主义教育作为永恒主题，习近平总书记提出了"把培养青年的爱国情怀放在培养社会主义建设者和接班人的首位"等关于

---

① 李尚旗，郭文亮. 中华民族共同体意识培育面临的挑战及路径选择［J］. 思想理论教育，2019（1）：62-64.

青年爱国主义教育的系列论述，推动构建了青年爱国主义教育新格局，为青年爱国主义教育增添了崭新内容，创新了方式载体，切切实实地增强了青年爱国主义教育的实效性。

（一）构建青年爱国主义教育新格局

习近平总书记关于青年爱国主义教育的系列论述以及新时代青年爱国主义教育的崭新实践，把加强青年的爱国主义教育摆在更加突出的位置，打造了加强青年爱国主义教育的强大合力，构筑了崭新的制度保障体系，构建了新时代青年爱国主义教育的崭新格局。

第一，把加强青少年的爱国主义教育摆在更加突出的位置。把加强青少年的爱国主义教育摆在更加突出的位置体现的是对青年爱国主义教育的重视程度，这是做好青年爱国主义教育的重要条件。2019 年 9 月 27 日，习近平总书记在全国民族团结进步表彰大会上的讲话指出，要把加强青少年的爱国主义教育摆在更加突出的位置。[①] 虽然这是习近平总书记从构建各民族共有精神家园的角度提出的一个工作要求，但却突出反映了新时代以来党对青年爱国主义教育的重视程度和开展青年爱国主义教育工作实践的鲜明特点。为加强青年的爱国主义教育，习近平总书记在全国高校思想政治工作会议上指出，要激励学生自觉把个人的理想追求融入国家和民族的事业中；在全国教育大会指出，要让爱国主义精神在学生心中牢牢扎根；在第七次西藏工作座谈会上指出，要把爱国主义精神贯穿各级各类学校教育全过程……习近平总书记在这些高层次会议上关于青年爱国主义的论述，或从做好高校思想政治工作，或从办

---

① 习近平. 习近平在全国民族团结进步表彰大会上的讲话 [N]. 光明日报，2019-9-28 (2).

好社会主义教育，或从贯彻新时代党的治藏方略等高度，突出了加强青年爱国主义的重要性，不仅把加强青少年的爱国主义教育摆在了更加突出的位置，而且为做好青年爱国主义教育营造了良好的氛围，推动了全党全国全社会更加积极地开展青年爱国主义教育。把加强青少年的爱国主义教育摆在更加突出的位置，还体现在习近平总书记指出的"培养社会主义建设者和接班人，首先要培养学生的爱国情怀"① 的重要论述上。中国选择走社会主义道路的初衷，就是为了爱国救国强国，而历史已经证明并将继续证明，社会主义道路是救国救民，使国家富强、人民幸福的强国之路。一个不爱国的青年，显然是和社会主义的初衷和目的背道而驰的，自然不能称得上是社会主义的建设者和接班人。这不仅清晰地指明了青年具有爱国情怀是社会主义建设者和接班人的首要标准，而且清晰地宣示了青年爱国主义教育的重要性，启发着新时代的教育工作者要把加强青少年的爱国主义教育放在"培养接班人"的高度去深刻认识并切实践行。

第二，打造加强青年爱国主义教育的强大合力。做好新时代青年爱国主义教育不是高校或共青团组织的单打独斗，而应是党、政府、学校、社会、家庭等各个教育主体的琴瑟和鸣，这样才能打造加强青年爱国主义教育的强大合力，增强青年爱国主义教育的实效性。正如习近平总书记指出的："办好教育事业，家庭、学校、政府、社会都有责任。"② 为此，一是要党政齐抓。"办好中国的事情，关键在党。"③ 做

---

① 武少民. 把小我融入大我，立志作出我们这一代人的历史贡献（践行嘱托十年间）[N]. 人民日报，2022-05-24（1）.
② 习近平. 坚持中国特色社会主义教育发展道路 培养德智体美劳全面发展的社会主义建设者和接班人 [N]. 人民日报，2018-9-11（1）.
③ 习近平. 习近平谈治国理政：第三卷 [M]. 北京：外文出版社，2020：331.

好新时代青年爱国主义教育同样要加强党的领导，要保证党的青年爱国主义教育方针得到全面、深入、坚决的贯彻落实，进而使青年爱国主义教育为中国共产党治国理政服务；要发挥政府的组织保障和具体执行作用，为做好青年爱国主义教育做好组织保障和资金保障，推动青年爱国主义教育"落地生根"。二是要发挥学校在青年爱国主义教育中的主阵地作用。在我国，各级各类学校是对青年进行爱国主义教育的重要主体，而学校教育也对青年的爱国主义价值观念产生了重要影响。因此，要充分发挥学校在青年爱国主义教育中的主阵地作用，"统筹推进大中小学思政课一体化建设"①，特别是要选拔有爱国情怀的思想政治理论课教师，"让有信仰的人讲信仰"②，才能更好地教育引导学生树立国家意识、增进爱国情感。并且，要根据青年不同的求学阶段，开展侧重点各有不同的爱国主义教育，这样，才能契合青年的身心特点和认知规律，增强新时代爱国主义教育的亲和力、针对性和实效性。三是要营造全社会都参与青年爱国主义教育的良好氛围。社会风气的好坏对青年有着重要的影响。同样，全社会都参与对青年的爱国主义教育，无疑会营造良好的爱国主义教育氛围，对青年的爱国主义思想认识产生着潜移默化的熏陶和影响。四是要发挥家庭"第一所学校"的作用，引导家庭成员特别是下一代爱党爱国爱人民爱中华民族③，为青少年涵养爱国情怀营造良好的开端和条件。总之，党政齐抓，体现的是国家意志力；学校教育，体现的是教育主体的育人力；全社会参与，体现的是氛围影响力；而家庭教育，体现的是亲情感化力，这些力量融合在一起，从不同

---

① 习近平. 习近平谈治国理政：第三卷［M］. 北京：外文出版社，2020：331.

② 习近平. 习近平谈治国理政：第三卷［M］. 北京：外文出版社，2020：330.

③ 习近平. 在会见第一届全国文明家庭代表时的讲话［EB/OL］. 央视网，2016-12-15.

方面对做好新时代青年爱国主义教育产生了重要影响，因而，切切实实地提高了新时代青年爱国主义教育的实效性。

第三，构筑加强青年爱国主义教育的崭新制度保障体系。有制度保障的青年爱国主义教育，才会保证教育的严肃化、规范化和经常化，进而提高青年爱国主义教育的实效性。中共中央、国务院专门印发《关于加强和改进新形势下高校思想政治工作的意见》文件，从新形势下加强和改进高校思想政治工作的考虑，强调了要弘扬以爱国主义为核心的民族精神和以改革创新为核心的时代精神；特别首次印发《中长期青年发展规划（2016—2025 年）》，从促进青年发展的角度，强调要注意培养青年"爱国、爱党、爱社会主义的感情"；印发《新时代公民道德建设实施纲要》，从道德建设的角度，明确指出要引导青少年形成"热爱党、热爱祖国、热爱人民"的好思想、好品行和好习惯；更是专门印发《新时代爱国主义教育纲要》，强调新时代爱国主义教育要聚焦青少年这个"重中之重"，要紧紧抓住"拔节孕穗期"的关键阶段，通过开好思想政治理论课等方式，教育引导学生在坚持和发展中国特色社会主义事业、建设社会主义现代化强国、实现中华民族伟大复兴的奋斗中高扬爱国主义大旗。

（二）增添青年爱国主义教育新内容

青年爱国主义教育要突出时代性，就要用具有时代特点、反映时代特征的教育内容对青年进行爱国主义教育。新时代青年爱国主义理论注重用中国梦激发青年的爱国情怀，在弘扬和践行社会主义核心价值观中做好青年爱国主义教育，用党史国史教育青年"知史爱党，知史爱国"等，为青年爱国主义教育增添了崭新内容：

第一，用中国梦激发青年的爱国情怀。进入新时代后，自提出"中国梦"这一概念起，习近平总书记就经常用中国梦激发青年的爱国情怀。在同各界优秀青年代表座谈时，习近平总书记指出："要用中国梦打牢广大青少年的共同思想基础。"① 他还指出，中国梦需要每一个青年为之努力并作出贡献。显然，中国梦成为党对青年进行爱国主义教育的崭新内容。这是因为，中国梦与爱国主义有着紧密的内在联系：中国梦是国家富强的梦，这和爱国主义的美好愿景具有高度一致性，用中国梦激发青年的爱国情怀，能激发青年为国家富强而奋斗奉献的决心；中国梦是民族振兴梦，这和爱国主义追求的社会理想具有高度一致性，用中国梦激发青年的爱国情怀，能激发青年振兴中华的责任感和使命感；中国梦是人民幸福的梦，这和爱国主义追求的价值目标具有高度一致性，用中国梦激发青年的爱国情怀，能教育引领青年将"小我"融入"大我"，明确爱国主义的时代主题，抓住当前爱国主义的主要任务，促进树立做奋斗者和追梦人的志向，进而以实际行动为人民幸福贡献青春力量；中国梦也是青年的梦，和青年梦同心同向、同频共振，用中国梦激发青年的爱国情怀，能让青年在贡献民族复兴梦想的同时，实现美好的个人梦想。

第二，在弘扬和践行社会主义核心价值观中做好青年爱国主义教育。习近平总书记指出："要结合弘扬和践行社会主义核心价值观，在广大青少年中开展深入、持久、生动的爱国主义宣传教育。"② 社会主义核心价值观不但内涵丰富，而且具有重要的爱国主义教育价值，对青

---

① 中共中央文献研究室．十八大以来重要文献选编（上）［M］．北京：中央文献出版社，2014：281．

② 习近平．大力弘扬伟大爱国主义精神 为实现中国梦提供精神支柱［N］．人民日报，2015-12-31（1）．

年的方方面面产生着重要影响。在国家层面，社会主义核心价值观的倡导方向引领着青年投身并建设一个"富强、民主、文明、和谐"的国家，这和爱国主义的目标追求密切相关；在社会层面，社会主义核心价值观引领着青年贡献于建设一个"自由、平等、公正、法治"的美好社会，这和爱国主义的社会理想追求密切相关；在个人层面，社会主义核心价值观首先倡导的就是爱国，对青年厚植爱国主义情怀具有重要影响，并且引领着青年在爱岗敬业中成长成才，在诚信友善中修身立德，这和爱国主义追求的人的全面发展密切相关。把社会主义核心价值观融入青年爱国主义教育的各方面，还有利于促进青年自觉抵制各种错误思潮，确立"奉献国家、服务人民"的人生境界和价值追求，进而将这样更有高度的价值观念转化为情感认同和行为习惯，从而增强青年爱国主义教育的成效。

第三，用党史国史教育青年"知史爱党，知史爱国"。党和国家开展的党史、国史教育是青年爱国主义教育的新内容。在 2013 年时，习近平总书记曾要求："各级领导干部还要认真学习党史、国史，做到知史爱党，知史爱国。"① 学习党史、国史对于青年同样具有爱国主义教育意义。因为，学习党史和国史能让青年认识到：中国共产党是最坚定和最忠诚的爱国者，中国共产党的历史就是一部爱国奋斗的历史。正是为了爱国，一批进步青年找到了马克思主义这个救国救民的指导思想，于 1921 年创建了中国共产党，立志挽救国家和人民于水火之中；正是为了爱国，中国共产党于 1931 年至 1945 年，带领广大人民进行了长达十四年的抗日救国斗争，挽救中华民族于亡国灭种之际；正是为了爱

---

① 习近平. 在中央党校建校 80 周年庆祝大会暨 2013 年春季学期开学典礼上的讲话 [N]. 人民日报，2013-03-03（2）.

国，中国共产党带领广大人民经历四年多的艰苦斗争，推翻国民党反动派对广大人民的欺压，于1949年建立新中国，让广大人民"站"了起来；正是为了爱国，中国共产党带领广大人民，于1953年至1956年，成功进行了社会主义"三大改造"，让人民真正成为国家的主人；正是为了爱国，中国共产党于1978年开始，勇于进行"第二次革命"，带领广大人民走上改革开放之路"富"了起来；正是为了爱国，中国共产党坚持人民至上，秉承"江山就是人民、人民就是江山"的信念，为了最广大人民的根本利益作出了巨大牺牲。正是中国共产党的爱国奋斗和牺牲奉献，让中国大踏步走近世界舞台中央"强"了起来。中国共产党党史里所蕴含的爱国情怀，是立足于民族又面向世界，为人民谋幸福、为民族谋复兴、为世界谋大同，具有高远情怀的爱国主义。学习中国共产党救国救民、富国富民、强国强民的光辉历史，能让青年掌握党和国家命运与共的历史事实，认清"爱国不爱党"的错误论调，进而在"知史爱党，知史爱国"中做到爱国和爱党的统一。

第四，用中国共产党人的精神谱系教育青年爱国和爱党高度统一。"一百年来，中国共产党弘扬伟大建党精神，在长期奋斗中构建起中国共产党人的精神谱系。"① 在习近平总书记的大力倡导下，我国在中华人民共和国成立72周年之际发布了首批纳入中国共产党人精神谱系的46个伟大精神。这些伟大精神，不仅彰显了一代又一代中国共产党人"为有牺牲多壮志，敢教日月换新天"的奋斗精神，更宣示了中国共产党人的深沉爱国情怀，用这些伟大精神对青年进行教育引领，不仅能更好地培养青年的爱国奋斗精神，更能让青年从理性层面更加认同党的伟

---

① 习近平. 在庆祝中国共产党成立100周年大会上的讲话［N］. 人民日报，2021-07-02（2）.

大和崇高，进而更加坚定地"听党话、跟党走"，做到爱国和爱党高度统一，并"在中国共产党的旗帜下，一代代中国青年把青春奋斗融入党和人民事业，成为实现中华民族伟大复兴的先锋力量"①。因此可以说，中国共产党人的精神谱系亦为新时代青年爱国主义教育增添了崭新内容。

（三）创设青年爱国主义教育新载体

进入新时代以来，党和国家特别是习近平总书记不仅就创新青年爱国主义教育载体作出相关论述，而且还在实践中推动新设立国家纪念日、建立健全国家荣誉制度、构建"互联网+青年爱国主义教育"新模式等，促进了青年爱国主义教育方式的多样化，进而增强了青年爱国主义教育的实效性。

第一，新设立国家级纪念日，增强青年的忧患意识。习近平总书记指出，要充分利用重大历史事件纪念活动等来增强人民的爱国主义情怀和意识。② 这对青年爱国主义教育同样具有指导意义。在中国革命、建设和改革开放的历史上，有很多值得铭记的重要纪念日对青年爱国主义教育具有重要意义。例如，2019 年举行的新中国成立 70 周年系列盛大庆典，对青少年无疑是一次效果突出的爱国主义集中教育。当然，也有一些具有爱国主义教育意义的重要纪念日不为青年所熟知，从创新青年爱国主义教育方式的角度考虑，新设立一些国家级纪念日就很有必要。这些新设立的国家级纪念日，具有丰富的内涵并蕴含着巨大的教育资

---

① 习近平. 在庆祝中国共产党成立 100 周年大会上的讲话［N］. 人民日报，2021-07-02（2）.

② 习近平. 大力弘扬伟大爱国主义精神 为实现中国梦提供精神支柱［N］. 人民日报，2015-12-31（1）.

源，更因为有了国家意志的大力倡导而具备了更强的感召力和更广泛的影响力，或让青年"铭记历史、继往开来"，或让青年"升华思想境界、培养高尚情操"，或让青年"勿忘国耻、发愤图强"，对青年的爱国思想认识、政治态度、价值观念等产生长期、深刻而又广泛的影响，具有重要的爱国主义教育意义。在中国共产党领导核心习近平总书记的大力倡导和支持下，我国在 2014 年新设立了"中国人民抗日战争胜利纪念日"等三个国家级纪念日，进一步完善了国家级的纪念活动，让其影响力大幅提升并跨越国界，不仅提升了青年对国家和民族的认同感，培养了青年正确的历史价值观，而且对于增强中华民族的凝聚力，激发海内外广大青年投身民族复兴伟大梦想都具有重大的意义。习近平总书记不仅积极倡导和大力支持，而且还出席纪念活动并发表系列讲话，为全社会营造了良好的爱国主义教育氛围。在纪念中国人民抗日战争暨世界反法西斯战争胜利 75 周年座谈会上的讲话中，习近平总书记发出了要弘扬伟大抗战精神的号召，高举爱国主义伟大旗帜引领广大青年为实现中华民族伟大复兴而奋斗；在烈士纪念日里，习近平总书记连续出席向人民英雄敬献花篮仪式，引领青年要铭记英雄的奉献精神，尊崇英雄的崇高情怀，学习英雄的爱国言行；在南京大屠杀死难者国家公祭仪式上的讲话中，习近平总书记赞扬了具有伟大爱国主义精神的中国人民，引领青年要增强忧患意识、坚定强国志向。总之，新时代党和国家通过新设立的国家级纪念日及举行的各种纪念仪式，不仅唤醒了广大青年的历史记忆，增强了青年的忧患意识和国家安全意识，而且激发了青年的爱国热情、坚定了强国志向，是开展青年爱国主义教育的崭新载体和宝贵时机。

　　第二，建立健全国家荣誉制度，发挥先进典型引领作用。中国共产党一直重视通过选树先进典型对青年进行爱国主义精神教育引领。习近平总书记不仅推崇"精忠报国"的岳飞、为追求国家富强而"九死未悔"的屈原、"先天下之忧而忧"的范仲淹等我国古代爱国人物，而且明确提出要向"心有大我、至诚报国"的黄大年、"守岛卫国"的王继才、"爱党爱国"的库尔班·吐鲁木等新时代爱国榜样学习。"实现我们的目标，需要英雄，需要英雄精神。"① 进入新时代后，习近平总书记多次对党和国家勋章荣誉表彰工作和勋章荣誉称号立法作出重要指示，推动我国建立健全了以"五章一簿"② 为主干的系统、规范、权威的功勋荣誉表彰体系，并评选出了众多新时代爱国典型人物，为青年爱国树立了先进典型。国家荣誉制度是具有"正确国家观的树立引导，中国精神的弘扬，先进典型引领作用的发挥，'爱国'荣誉的法治保障制度创设"③ 功能的制度创设，其对青年爱国主义教育的意义在于：一是具有价值观塑造的作用，它以荣誉国家授予的权威性给予青年以正确的国家观引导，具有凝聚、引导青年爱国的巨大力量。二是具有增强青年政治认同的功能，它引导青年追求以政治认同为前提的崇高荣誉，引导青年坚持爱国和爱党、爱社会主义高度统一。因为获得国家勋章和国家荣誉称号的，必须是"为党和人民事业作出贡献的杰出人士的代表"④。三是具有促进青年与国家情感互动的功能，激发青年对

---

① 习近平. 在颁发"中国人民抗日战争胜利 70 周年"纪念章仪式上的讲话［N］. 人民日报，2015-09-03（2）.

② "五章"是指"共和国勋章""七一勋章""八一勋章""友谊勋章"以及国家荣誉称号；"一簿"是指功勋簿，记载国家勋章和国家荣誉称号获得者名录及其功绩。

③ 姚晓娜. 国家荣誉制度与新时代爱国主义教育［J］. 思想理论教育，2020（11）：51-54.

④ 习近平. 在国家勋章和国家荣誉称号颁授仪式上的讲话［N］. 人民日报，2019-09-30（2）.

国家的忠诚与热爱。四是具有树立和维护先进典型的作用。国家荣誉制度不仅是为选树和表彰先进典型而设立的制度，其核心要义"就是倡导爱国主义，号召公民学习那些为国家作出贡献的国家英雄"①，因此，对于防范"历史虚无主义""精致利己主义"等不良思潮对青年爱国主义精神的消解具有重要的价值和意义。总之，进入新时代以来，中国共产党建立健全国家荣誉制度，不仅弥补了我国国家最高奖励的制度空白，更实现了用先进典型和英雄精神激励广大青年投身民族复兴伟业的干劲和激发广大青年争做民族复兴先锋热情的目的，为新时代青年爱国主义教育创造了新的载体，发挥了新的作用。

第三，构建"互联网+青年爱国主义教育"新模式，适应时代变化。"谁掌握了信息，控制了网络，谁就拥有整个世界"②。党和国家深知网络对青年的重要影响，早在 2007 年 4 月 19 日，习近平总书记在上海工作期间，到共青团上海市委机关调研时讲话就指出，"青年用网络的手段，我们也要有针对性地运用网络，这就是适应时代变化"③，彰显了党和国家适应时代变化，倡导用新生事物对青少年进行爱国主义教育的敏锐意识。进入新时代后，习近平总书记敏锐地把握住网络时代的发展特点，把互联网看作是当前宣传思想工作的主阵地，提出"可以发挥互联网优势，实施'互联网+教育'。④ 习近平总书记还指出，要

---

① 姚晓娜. 国家荣誉制度与新时代爱国主义教育［J］. 思想理论教育，2020（11）：51-54.

② 托夫勒. 创造一个崭新的文明［M］. 陈锋译. 上海：三联书店，1996：231.

③ 刘刚. 奏响新时代奋进的青春旋律：重温习近平总书记在上海工作期间对青年工作的指示［N］. 中国青年报，2019-09-30.

④ 习近平在网络安全和信息化工作座谈会上的讲话［J］. 中国信息安全，2016（5）：23-31.

"运用艺术形式和新媒体，以理服人、以文化人、以情感人"①。显然，这明确地表达了青年爱国主义教育要适应网络时代发展进步要求特别是新媒体的迅猛发展以及青年网络生活特点，即要构建"互联网+青年爱国主义教育"新模式的思想观点。构建"互联网+青年爱国主义教育"新模式，要树立互联网思维，积极利用丰富的互联网教育资源，合理高效地利用网络改变青年爱国主义的教育方式，增强教育的时效性和实效性，使"互联网+青年爱国主义教育"新模式更好地契合青年所求，满足青年爱国主义教育所需。

四、新时代青年爱国主义"践行论"

青年爱国主义"践行论"是新时代青年爱国主义理论的落脚点，是关于青年坚定爱国主义实践遵循的重要论述，本书界定为是党和国家论述新时代中国青年应如何切实把爱国主义内化于心、外化于行的问题，这既是广大青年树立和坚定爱国主义应遵循的正确路径，也是开展新时代青年爱国主义理论研究不可或缺的重要组成部分。

（一）培养爱国之情

爱国主义是一种深厚的情感，是对祖国的一种强烈眷恋和热爱之情。从践行爱国主义的角度，强烈的爱国情感是坚定爱国志、提高效国能、实践报国行的前提条件。那么，该如何培养青年的爱国之情呢？

从青年自身来讲，要以了解祖国作为培养爱国之情的起点，并且要

---

① 习近平. 大力弘扬伟大爱国主义精神 为实现中国梦提供精神支柱 [N]. 人民日报，2015-12-31（1）.

遵循"知之深、爱之切"的逻辑理路。爱国主义发端于个体对祖国的天然亲近之感，但这种朴素情感需要进一步深化、提升并定型为更加稳定和持久的感性理性认识以及行为习惯。青年要培养深厚的爱国之情，仅仅做到了解祖国是不够的，要想进一步加深对祖国的热爱之情，就要对祖国进行深入的了解。因为，"知之深"，才能"爱之切"，对祖国越是了解得深入，才会爱得越发真切，才会以感性催发理性，进而以理性校正感性，自觉将爱国情转化为强国志和报国行。正如习近平总书记曾指出的："唯有对家乡知之甚深，才能爱之愈切。"① 那么，青年怎么样才能对祖国进行深入了解并深化自己的爱国之情呢？

一是在传承中华民族历史和文化中培育爱国之情。中华民族悠久的历史和灿烂的文化承载着中华民族的辉煌荣耀、治乱兴衰、文明变迁、思想智慧和经验启示，是全体中华儿女宝贵的精神财富。青年爱国主义情感的培育和发展，要以对祖国悠久历史、深厚文化的理解和接受为前提条件。对此，习近平总书记早在地方工作时期就有过深入论述。在福建宁德工作时期，习近平指出，要通过熟悉、了解家乡可爱之历史来"知我闽东"；要注意从历史中汲取营养，树立民族自尊心。② 青年了解和认同祖国悠久历史和深厚文化，就会牢固树立正确的祖国观、民族观、文化观、历史观，就会极大地增强爱国心。

二是在"知史爱国"中深化爱国之情。这里的"史"，不仅指新中国的历史，也包括中国各地的地方史。早在河北正定工作时期，习近平总书记就有过辑录和写记，地方史能让我们"以史为镜"，也能让我们"以史资政"，还能提高我们的爱国主义意识。这时的习近平总书记表

---

① 习近平. 知之深 爱之切 [M]. 石家庄：河北人民出版社，2015：1.
② 习近平. 摆脱贫困 [M]. 福州：海峡出版发行集团，福建人民出版社，1992：22.

达的是总结新中国成立以来正定的地方史对于激发爱国之情的重要作用。进入新时代后，习近平总书记坚持并发展这一思想，提出了"要认真学习党史、国史"①的要求，倡导青年要"知史爱党，知史爱国"②。青年作为党的未来，应该学习并掌握中国共产党领导中国人民，用鲜血和汗水写就的、充满苦难和辉煌、气壮山河的新中国史，这不仅是中华民族发展史上不能忘却的壮丽篇章，更为古老而又全新的中国继往开来、奋勇前进打下了良好的现实基础。从践行爱国主义的角度来看，新时代中国青年只有深入地学习了解这段历史，才能深刻认识中国"站起来、富起来、强起来"的历史必然性，才能将爱国之情由"自发"转化为"自觉"，树立爱国和爱党相统一的信念。

三是在传承"红色基因"中厚植爱国之情。"红色基因"不仅代表着革命精神的传承，更蕴含着中国共产党人深沉的爱国情怀，不但是中国共产党人的精神内核，而且具有重要的青年爱国主义教育价值，对于培养青年的爱国之情具有重要作用。习近平总书记在福建宁德工作时就曾指出："结合闽东的革命历史和传统，进行爱国主义和共产主义教育，其条件可以说是得天独厚的。"③进入新时代后，党和国家更加突出"红色基因"的地位和作用，习近平总书记多次强调要用好红色资源，传承好红色基因。在价值和作用方面，他认为，红色资源不仅是坚定理想信念、加强党性修养的生动教材，还有助于培育时代新人、社会主义建设者和接班人；在弘扬路径方面，他指出，要用好党和国家红色

---

① 习近平. 在"不忘初心、牢记使命"主题教育总结大会上的讲话［EB/OL］. 新华网，2020-01-08.

② 习近平. 在"不忘初心、牢记使命"主题教育总结大会上的讲话［EB/OL］. 新华网，2020-01-08.

③ 习近平. 摆脱贫困［M］. 福州：海峡出版发行集团，福建人民出版社，1992：156.

基因库，讲好党的故事和根据地的故事等红色故事，个人也要自觉接受红色传统教育等。对于青年传承红色基因，他更是指出："革命传统教育要从娃娃抓起，既注重知识灌输，又加强情感培育，使红色基因渗进血液、浸入心扉。"① 青年在传承红色基因的过程中，会更加认识到新中国来之不易，从而更加热爱祖国。新时代，广大青年要传承好"红色基因"，就要厚植爱国情怀，心系国家、心系人民，自觉把个人梦融入中国梦，为当前全面建设社会主义现代化国家的新任务作出应有的贡献。

四是要在向榜样学习中涵育爱国之情。习近平总书记指出："我们要以黄大年同志为榜样，学习他心有大我、至诚报国的爱国情怀。"② 通观中国共产党的百年爱国奋斗征程，涌现出了革命年代"砍头不要紧，只要主义真"的夏明翰，抗美援朝战争中"为整体胜利而自我牺牲"的邱少云，社会主义建设时期"为人民而死，虽死犹荣"的焦裕禄，改革开放时期"一腔热血洒高原"的孔繁森，新时代"心有大我，至诚报国"的黄大年以及在抗击新冠肺炎疫情中的"最美逆行者"钟南山，为人民构筑起生物安全防护坚盾的陈薇等爱国榜样，充分展现了中国共产党以乐观、热情、无畏的精神状态救国报国的崇高品格，学习这些爱国榜样的故事，无疑对新时代中国青年涵养爱国之情具有非常重要的作用。

（二）坚定强国之志

强国志是一种坚定的意志和远大的志向，是指引青年抒发爱国情、

---

① 李学仁，李刚. 全面落实"十三五"规划纲要 加强改革创新开创发展新局面［N］. 人民日报，2016-04-28（1）.

② 习近平对黄大年同志先进事迹作出重要指示［N］. 人民日报，2017-05-26（1）.

实践报国行的灯塔。爱国青年要在正确认识现实国情和当前面临的困难的同时，增强历史责任感和使命感，树立使国家强大起来的志向。进入新时代后，习近平总书记强调，要让爱国主义成为每一个中国人的坚定信念和精神依靠。他还提出了要让广大青少年"砥砺强国之志"的重要论述，指引着青年"如何坚定强国之志"以及"应树立什么样的强国之志"。

坚定的强国之志来自对当代中国国情的正确认识和判断。作为新时代中国青年，一方面要认识到新中国成立 70 多年来在各方面取得的巨大成就和改革开放 40 多年来的飞速发展；另一方面，还要认识到中国发展不平衡不充分的现实，总体上仍处于社会主义初级阶段这个最大的实际，特别是要认识到当前国家发展中面临的各种问题。当青年认识到我国是世界上最大发展中国家的国际地位没有改变的时候，就会激发出立志报效祖国，振兴中华的责任感、使命感和紧迫感。正是在对基本国情的准确把握和对青年寄予厚望的背景下，习近平总书记对广大青年提出了"爱国、励志、求真、力行"的要求，引领新时代中国青年确立投身民族复兴伟业的鸿鹄志并做意志坚定的爱国奋斗者。

进入新时代后，习近平总书记多次鼓励青年要"把个人的理想追求融入党和国家事业之中"，并指出，一个人的理想只有和国家的前途、民族的命运相结合才有价值，也只有这样，"国家好、民族好，大家才会好"。习近平总书记经常引用"志不立，天下无可成之事""功崇惟志，业广惟勤"等名言，强调"志向"对于党和国家事业的重要性，于青年而言，青年强国志的确立，将为青年实践报国行坚定价值追求。新时代青年把个人的理想融合于国家民族的共同理想之中，将会更加增强历史责任感和使命感，进而坚定强国之志，在为中国梦的实现作出贡献中成就一番事业。

在宁德工作时，习近平总书记在论及精神文明建设时，提出了"破"和"立"的思想观点。他指出："通过一系列艰苦细致的思想政治工作，使爱国主义、社会主义、集体主义思想扎根于人民群众心中。这就是'立'。可以说，'立'是我们党的政治优势。当然，仅有'立'还是不够的，封建主义的东西，资本主义腐朽没落的东西，你不打，它就不倒。这就需要'破'——通过批判，揭露假、恶、丑，使它们失去人心、失去市场。让人们在思想认识上自觉地抵制这些东西的侵入。"① 爱国主义属于精神文明的范畴，虽然此时习近平总书记是在论述正确处理精神文明建设中"破"与"立"的关系，但对新时代青年爱国主义教育同样有启发意义：一方面，新时代青年爱国主义教育要通过灌输的方式进行"立"；另一方面，又要注重"破"。如果不针对青年进行爱国主义教育，怎么会有理性爱国的青年？如果针对非爱国主义的言行不进行批判和揭露，那么，怎么能让青年在认清非爱国主义言行的实质和危害中自觉地坚定爱国主义信念？

新时代中国青年应树立什么样的强国之志？

一是要树立起为实现中华民族伟大复兴作出贡献的志向。在一代代爱国者的牺牲和奉献下，当今的中国发展到了离中华民族伟大复兴从未如此之近的新时代。这个新时代，既是青年建功立业的机遇时代，也是青年应该勇担历史使命的责任时代，正如习近平总书记指出的："新时代的中国青年要以实现中华民族伟大复兴为己任。"② 当代中国青年的

---

① 习近平. 摆脱贫困 [M]. 福州：海峡出版发行集团，福建人民出版社，1992：152.
② 习近平. 在庆祝中国共产党成立 100 周年大会上的讲话 [N]. 人民日报，2021-07-02 (2).

历史使命，就是要树立起为实现中华民族伟大复兴作出贡献的志向并一以贯之地为之奋斗，必将汇聚起推动祖国繁荣富强和社会文明进步的磅礴青春力量。为此，青年要将个人奋斗融入伟大的中国特色社会主义事业之中，在追求国家集体利益之中实现个人价值的最大化，用青年的理想、本领和担当，成就国家的前途和民族的希望，获得宏大的青春意义。

二是要树立起为人类命运共同体作出贡献的志向。习近平总书记大力倡导中华民族"穷则独善其身，达则兼济天下"的品德和胸怀，教育引领青年树立为中华民族伟大复兴作出贡献志向的同时，号召青年"计利当计天下利"，树立起为构建人类命运共同体作出贡献的志向。中国共产党认为，人类生活在同一个地球村，中国人民和各国人民休戚与共，中国人民的梦想和各国人民的梦想紧紧相连，因此，要求同存异，共同为构建人类命运共同体而努力。对于青年和人类命运共同体的关系，习近平总书记指出，青年不只是国家的未来，也是世界的未来，因此，要发扬"四海一家、天下为公"精神，为世界的和平与发展作出中国青年的贡献。中国的发展离不开世界，树立起为构建人类命运共同体作出贡献的志向，不但彰显了中国青年博大的爱国胸怀，更彰显了高远的强国志向。

（三）提高效国之能

效国之能是实践报国之行的前提。为了祖国的繁荣富强，每代青年要担起每个时代的使命。在革命年代中，青年要提高革命斗争的本领才能挽大厦之将倾；在社会主义建设时期，青年要提高建设祖国的本领才能促进祖国的发展；在新时代，青年要坚持马克思主义的指导，锤炼品德修为，练就建设社会主义现代化强国的真本领，助力中国朝着伟大复兴目标迈进，积极参与人类命运共同体构建。

1. 青年要提高什么样的效国之能？

一是要提高当先之能，做建设社会主义精神文明的带头人。早在河北正定工作时，习近平总书记就曾提出，青年要争做振兴正定的先锋。① 进入新时代后，习近平总书记号召广大青年"走在创新创造前列"②；勉励当代青年"勇做走在时代前面的奋进者、开拓者、奉献者"③。这些殷切话语，都指向党对青年的一个期待：青年要奋发图强，立志为振兴中华增砖添瓦发挥当先作用。对于新时代中国青年来说，就是要提高自己的当先之能，在中华民族伟大复兴的伟大征程中发挥爱国先锋作用。

二是要提高全面发展之能，在生产实践中增知识、长才干。进入新时代以来，习近平总书记站在培育时代新人的高度，进一步拓展了全面发展的内涵，提出了"德智体美劳"的育人目标，既为新时代青年成长成才指明了发展方向，又丰富了中国共产党"培养什么青年"的理论内涵，指引着新时代中国青年"明大德、强本领、健体魄、懂审美、爱劳动"，在更宽广的领域全面发展，成为能担当大任的高素质人才。

三是要提高担当之能，学会对民族、祖国、社会和人类负责。担当精神是共产党人继承并一直践行的优秀品质。习近平总书记特别推崇这一精神，对其进行多次论述并将担当和爱国联系起来对青年进行教育引领。其实，早在浙江工作时期，习近平总书记就指引大学生："要学会

---

① 习近平. 知之深 爱之切 [M]. 石家庄：河北人民出版社，2015：72-73.
② 习近平. 习近平谈治国理政：第一卷 [M]. 北京：外文出版社，2014：51.
③ 习近平. 给北京大学考古文博学院二〇〇九级本科团支部全体同学的回信 [N]. 人民日报，2013-05-05 (1).

对自己负责，对亲人负责，对周围的人和更多的人负责，进而对民族、祖国、社会和人类负责，做一个有价值、负责任的人。"① 进入新时代后，习近平总书记发展了这一思想，明确地提出了青年要对民族、国家、社会和人类负责，"既要专攻博览，又要关心国家、关心人民、关心世界，学会担当社会责任"②，"担当起党和人民赋予的历史重任"③。习近平总书记此时所希望广大青年担当的责任，不只是为了"实现中国梦，实现祖国强大"，更是为了"构建人类命运共同体，实现共赢共享"。这不仅体现习近平总书记对青年从"修身"到"平天下"的成才路径引导，更体现了党对青年提高爱国担当之能的路径引导，引领新时代中国青年，要接过历史的接力棒，勇于担当起中华民族伟大复兴的大任，树立更加宏大的志向，在为构建人类命运共同体中贡献中国青年的力量，书写中国青年的精彩。

2. 青年如何提高效国之能？

一是要在学习中增长知识。青年为什么而学习也就是青年应该树立什么样的学习观，是青年通过学习提高效国之能论述的首要问题。对此，习近平总书记给出了明确的方向：练就过硬本领，投身强国伟业。④ 青年学识基础的厚实程度，不仅影响自己的一生，更关乎国家和民族的未来。因此，青年要学真知、悟真谛，增长本领和才干。青年应用什么样的态度对待学习？这是青年通过学习提高效国之能论述的第二个重要问题。对此，习近平总书记指出，青年既要把学习当成是首要任

---

① 周咏男. 浙江省党委书记习近平为杭州高校学生作报告［EB/OL］. 中国政府门户网站，2005-06-21.

② 习近平. 习近平谈治国理政：第一卷［M］. 北京：外文出版社，2014：172.

③ 习近平. 习近平谈治国理政：第一卷［M］. 北京：外文出版社，2014：176.

④ 习近平. 向全国各族青年致以节日的祝贺和诚挚的问候［EB/OL］. 中国新闻网，2020-05-03.

务，又必须作为一种责任。显然，这里所指的责任，不仅仅是青年对于个人和家庭的责任，还应包括对国家、人民、社会甚至是对世界的责任。另外，在学习时，习近平总书记还教导青年既要"静下心来""心无旁骛"，又要"如饥似渴""孜孜不倦"等，充分体现了对青年的关爱和对青年端正学习心态的悉心指导。青年要学习什么样的知识，是青年通过学习提高效国之能论述的第三个重要问题。对此，习近平总书记要求广大青年，要学习马克思主义立场观点方法，做到"学习基础知识和更新知识的统一""学习理论知识和掌握技能的统一""专攻和博览的统一""学知识和学做人的统一"等，指引着广大青年切实不断提高效国之能，成为可堪大用、能担重任的栋梁之材。

二是要在工作中增长才干。习近平总书记指出，新时代中国青年还要在工作中增长才干。每个青年的工作岗位，都是为国贡献的一部分，也是青年成长成才、锻炼提高自身效国之能的良好平台。在教育引领青年在工作中增长才干时，党和国家注意分类教育引领，分别对农村青年、企业青年、科研单位青年、机关事业单位青年等不同的青年群体提出了具体的希望和要求。例如，习近平总书记倡导广大机关事业单位青年要提高为社会、为民众服务水平，引领着广大青年要从完成好工作岗位职责做起，在履职尽责中提高效国之能，在不同的领域为国家和人民建功立业。

三是要在实践中成长、在基层成才。实践是青年提高本领的重要途径，基层为青年成才提供重要舞台。进入新时代以来，习近平总书记先后给华中农业大学"本禹志愿服务队"回信，表扬他们为西部、基层和农村困难群众提供的热情服务；给大学生村官张广秀回信，号召大学生村官在扎根基层中增长见识和才干；给河北保定学院西部支教毕业生群体代表回信，称赞他们为到基层和人民中去建功立业的榜样；给"郭明义爱心团队"回信，引领广大青年以实际行动书写新时代的雷锋故事。这些均体现了党和国家倡导青年在基层和实践中提高效国之能的思路和理念，为新时代青年提高效国之能标注了时代坐标，打上了艰苦奋斗的底色。

（四）实践报国之行

青年爱国是一种切实的行动，不能停留在口号上。青年的报国行是青年爱国之能得以施展的具体展现，是青年爱国奉献知行合一的真正体现，青年只有实践志远而坚定的报国行，才能完美地诠释爱国情和强国志。

第一，要"以身许国"。爱国，就要像青年习近平那样到正定去，在基层为人民做实事。一方面，"以身许国"是习近平到正定的初心。根据《习近平在正定》记载，习近平选择到基层去工作，是因为他愿意担负起改变"文化大革命"后国家百废待兴局面的责任。可以说，到正定去工作，习近平已经有了"以身许国"的思想准备了。[1] 这既显示了习近平在人生道路选择和自我设计上的不同常人之处，更体现了习近平热爱这个国家，乐于为群众做事的爱国情怀。另一方面，"以身许国"是习近平对正定青年的期望。在正定工作时，习近平高举爱国主义的旗帜鼓舞和激励广大正定青年，并借用著名抗金英雄岳飞"以身许国，何事不敢为？"[2] 的名言来勉励全县青年团结一心，奋发图强，

---

[1] 中央党校采访实录编辑室. 习近平在正定 [M]. 北京：中共中央党校出版社，2019：218.

[2] 习近平. 知之深 爱之切 [M]. 石家庄：河北人民出版社，2015：74.

振兴正定、振兴中华。

第二，要为中国人民服务。追溯历史，我们可以得知，习近平总书记在地方工作时期的中国，各个地方，各个领域都迫切地需要各方面的人才。习近平总书记将务实性和战略性结合起来，一方面，大力发挥主政地方青年的爱国爱家乡作用；另一方面，将眼光投向长远，投向未毕业的青年大学生和在国外的青年留学生，思考和实践如何用爱国主义精神引领这类青年群体为家乡服务、为中国人民服务。根据《习近平在正定》中崔时欣的讲述，1985 年，作为正定县委书记的习近平在美国考察期间，和在美国的一些留学生开了座谈会，关心留学生毕业后的打算。针对想留在美国为美国人民服务的留学生，习近平用："请一定回到祖国去，为中国人民服务！"① 的真诚话语引导青年留学生报效祖国。通过这些言行，可以感知地方工作时期习近平深厚的爱国情怀，了解习近平地方工作时期针对青年留学生的爱国主义教育思想和实践，这和担任党的总书记后，习近平专门针对青年留学生的爱国主义重要论述——"留学报国"的思想亦是一脉相承的。

第三，要自觉到祖国和人民最需要的地方去。习近平总书记在上海工作时曾指出，广大青年要以广阔的视野、豪迈的气魄，自觉到祖国和人民最需要的地方去。担任党的总书记后，习近平在多个场合教育引领青年实践报国之行要不断奉献祖国、奉献人民，要到西部、基层一线等国家最需要的地方去建功立业、绽放青春之花。西部、基层等是祖国最需要人才和最需要发展的地方，不仅是青年淬炼成长的试验场和磨刀石，也为青年提供丰富的实践资源和施展想象力与创造力的广阔沃土。

---

① 中央党校采访实录编辑室．习近平在正定 [M]．北京：中共中央党校出版社，2019：303.

因此，青年选择到祖国和人民最需要的地方去，不但体现了高尚的道德情操，更是青年施展爱国之能的良好平台和实践报国之行的最佳诠释。

第四，要坚持爱家爱国相统一。习近平总书记强调，广大家庭都要把爱家和爱国统一起来。这是因为，在我国，从古至今，个人与家庭、个人与国家、家庭与国家，构建起了关系紧密的中华民族共同体，形成了中华民族特有的精神家园。新时代，青年要赓续中华民族优秀传统，坚持爱家爱国相统一，守住中国人的根和魂。国好才能家好，家好促进国好。坚持爱家爱国相统一，这不仅是青年实践报国行的重要途径，也是青年实现家庭梦想的必然路径。每个青年、每个青年家庭都为中华民族大家庭作出贡献，则国家一定生机勃勃并繁荣发展；每个青年、每个青年家庭都矢志追求中华民族伟大复兴，则中国梦一定充满希望并将尽早实现。

第五，要爱国奋斗建功立业新时代。新时代青年实践报国之行必须要爱国奋斗。回顾中国青年"五四"以来百余年的爱国历程，爱国奋斗不仅是中国青年的精神底色，更是中国青年运动的光荣传统；展望中华民族伟大复兴的光明前景和未来幸福生活，爱国奋斗精神是实现伟大事业、推动伟大梦想的"推进剂"和"催化剂"①，更应成为新时代每一个中国青年鲜明的标识。爱国奋斗要坚定力行，青年要胸怀伟大目标，更要脚踏实地做意志坚定的爱国者和永不停歇的奋斗者；爱国奋斗要主动担当，青年应发挥先锋品格，担当起当代青年应担负的责任，答好新时代中国青年如何用奋斗来报效祖国的"答卷"；爱国奋斗要砥砺

---

① 杨小扬，陈红．论新时代的爱国奋斗精神［J］．思想政治教育研究，2019（5）：56-57.

前行，因为"没有人会恩赐给我们一个光明的中国"①，青年要不怕艰难困苦，用自己的英勇奋斗，为社会发展、民族振兴和人民幸福做出当代中国青年驰而不息的贡献，为建设"光明中国"贡献当代中国青年的智慧和力量。

总之，新时代青年爱国主义理论既为新时代青年实践报国之行指明了方向，又为做好新时代青年爱国主义教育提供了理论和实践遵循，指引着新时代中国青年践行爱国主义，就是要树立和中国梦同心同向的理想信念；就是要坚定跟党走，坚持爱国和爱党、爱社会主义高度统一；就是要知史爱国，胸怀祖国和人民，弘扬中华民族爱国主义光荣传统；就是要把爱国铭记于心中、落实于行动，在实现中国梦的伟大实践中成就精彩人生，实现最大价值。

---

① 在纪念五四运动 100 周年大会上的讲话 [N]. 人民日报，2019-05-01（2）.

第四章

新时代青年爱国主义理论的基本特征

新时代以来，党和国家特别是习近平总书记围绕青年坚定爱国主义的重要意义、青年爱国主义的时代内涵、青年爱国主义的实践路径、青年爱国主义教育等方面，通过讲话、谈话、座谈、书信等形式发表的一系列重要论述，形成了新时代青年爱国主义理论体系。该理论系统全面、内涵丰富、思想深刻，体现了传承性和创新性相统一、理论性和实践性相统一、现实性和前瞻性相统一、民族性和国际性相统一等鲜明的基本特征。这些基本特征蕴含着马克思主义的世界观和方法论，展现了宏大的理论视野、高远的站位格局和鲜明的个人风格。对新时代青年爱国主义理论基本特征的概括和提炼，有助于在深刻理解其思想实质的基础上，准确把握新时代青年爱国主义教育工作规律，培养更加热爱伟大祖国，更加认同党的领导和中国特色社会主义制度，更加充满自信地为祖国、为民族、为人民、为人类而不懈奋斗的优秀青年。

第一节 传承性和创新性相统一

马克思主义认为，人们虽然是自己创造自己的历史，但是不能随心所欲，不能自选条件，而是"在直接碰到的、既定的、从过去承继下来的条件下创造"①。新时代青年爱国主义理论绝不是无源之水、无本之木，其产生和发展遵循了兼具传承和创新的协调发展过程，具有传承性和创新性相统一的基本特征。

一、坚定传承的思想底色

作为一种社会意识的新时代青年爱国主义理论，有其固定的根脉，绝不是抛弃传统、自绝精神命脉，而是首先有着对马克思列宁青年爱国主义、中国共产党青年爱国主义思想和中华民族爱国主义优良传统的坚定传承。

第一，对马克思列宁青年爱国主义的传承。马克思列宁提倡的青年爱国主义具有鲜明的阶级立场、人民性和国际主义情怀，新时代青年爱国主义理论传承了这种鲜明的阶级立场、人民性和国际主义情怀。在阶级立场上，新时代青年爱国主义理论主张坚持党的领导，坚持以社会主义制度作为根本保障，吸纳多种优秀文化理念作为文化基因，以人民幸福为价值取向，以民族复兴为宏大目标追求，决然不同于资产阶级以及其他任何剥削阶级的爱国主义主张，这种不同是根本意义上的，有着本

---

① 中共中央马克思恩格斯列宁斯大林著作编译局. 马克思恩格斯选集：第1卷［M］. 北京：人民出版社，1995：585.

质区别的不同。在人民性上，新时代青年爱国主义理论坚持了马克思主义政党的最根本政治立场——人民立场，体现了鲜明的人民性，无论是"要为人民做实事"的务实精神还是"我将无我、不负人民"的为民情怀，新时代青年爱国主义理论都是一个目标指向：满足人民群众对美好生活的向往。在国际主义情怀上，新时代青年爱国主义理论继承了马克思主义的国际主义情怀，指引着广大青年为世界的和平与发展不断提供精神动能，作出实际贡献。

第二，对中国共产党青年爱国主义思想的传承。中国共产党其他主要领导人毛泽东、邓小平、江泽民、胡锦涛均提出了众多关于青年爱国主义的思想和论述。新时代青年爱国主义理论忠实地传承了中国共产党其他主要领导人关于青年爱国主义的思想精华，并根据新的时代特点、青年特点等予以创新。中国共产党其他主要领导人的青年爱国思想，内涵一脉相承，其实践意义就是要凝聚和激发青年磅礴爱国力量以助力实现"中国梦"。毛泽东的"中国梦"，是在实现民族独立和人民解放的基础上，实现现代化，赶上世界上最发达国家；邓小平的"中国梦"思想贯穿在整个中国特色社会主义事业之中；江泽民更是在 2001 年庆祝建党 80 周年的讲话中明确提出了"实现中华民族伟大复兴"概念；胡锦涛更加强调了中国共产党在实现中华民族伟大复兴中的历史责任，至此，中国共产党人完成了"中国梦"思想呼之欲出的所有前期准备。党的十八大后，习近平总书记从参观《复兴之路》展览开始，多次鼓励广大青年在助力实现"中国梦"的过程中实现青春价值。综上可见，从毛泽东到习近平的中国共产党主要领导人青年爱国主义思想中都贯穿着中华民族伟大复兴梦的爱国主线，这既是中国共产党人百年不变的共同追求，亦是一代代青年接力传承的爱国主题。

　　第三，对中华民族爱国主义优良传统的传承。新时代青年爱国主义理论的突出特质，就是对中华民族爱国主义优良传统的传承，这是该理论区别于其他爱国主义理论的重要标志。一是传统爱国文化的基因贯穿于新时代青年爱国主义理论的主要内容。新时代青年爱国主义理论中关于青年坚定爱国主义信念的重要意义、关于青年爱国主义的时代内涵、关于青年爱国主义的实践路径等各方面的论述都深受中华传统爱国文化的话语影响，贯穿着传统爱国文化的基因，具有鲜明的中国特色和中国气派。通观新时代青年爱国主义理论，可以发现新时代党和国家特别是习近平总书记经常并善于运用古代爱国历史佳话、古代爱国经典名句等来论述中华民族爱国主义的优良传统，给青年以具有深厚中华优秀传统文化底蕴的思想启迪和精神激荡。例如，在全国民族团结进步表彰大会上的讲话中，习近平总书记特别列举了"昭君出塞、文成公主进藏、锡伯族万里戍边"① 等爱国历史佳话，生动地向各民族青年阐明，是各民族同心孕育了以爱国主义为核心的伟大民族精神。新时代，各民族广大青年要继承和发扬中华民族的爱国主义优良传统，共护民族团结，共建国家发展进步的强大精神动力，共享民族伟大复兴荣光。习近平总书记还多次在爱国主义的语境下，引用著名历史爱国人物屈原、范仲淹、辛弃疾、文天祥、林则徐的诗词，来激发青年的爱国报国情怀。例如，在北京大学师生座谈会上的讲话中，习近平总书记特别引用"乘风好去，长空万里，直下看山河"的词句，来鼓励新时代青年要乘新时代春风，为中华民族伟大复兴的梦想成真而努力奋斗。二是中华民族优良的爱国主义传统涵养着习近平总书记的崇高爱国情怀。仔细研读《习

————————

① 习近平.习近平在全国民族团结进步表彰大会上的讲话 [N].光明日报，2019-09-28 (2).

近平用典》《习近平讲故事》等著作可以得知，中华民族优良的爱国主义传统涵养着以习近平总书记为代表的中国共产党人"但愿苍生俱饱暖，不辞辛苦出山林"的报国初心，滋养着新时代以习近平总书记为代表的中国共产党人"为国不可以生事，亦不可以畏事"的爱国情怀，浸润着新时代以习近平总书记为代表的中国共产党人确立"修其心治其身，而后可以为政于天下"的修身治国观，激励着习近平总书记以"功崇惟志，业广惟勤"的精神，励志"精忠报国"实现中国梦，而习近平总书记"我将无我，不负人民"的无私无我爱国情怀，更是给新时代广大青年坚定爱国信念注入了无穷的榜样力量。

二、勇于创新的理论特色

传承是为了更好的创新，创新正是传承的目的。在坚定传承的同时，新时代青年爱国主义理论还与时俱进地进行创新，为马克思列宁青年爱国主义理论宝库、中国共产党青年爱国主义思想增添了崭新内容，创造性转化和创新性发展了中华民族的爱国主义优良传统。

第一，对马克思列宁青年爱国主义的创新。新时代中国共产党人在传承马克思列宁爱国主义的国际主义情怀的同时，秉持兼容并蓄、文明互鉴的文明发展观，在对青年爱国主义进行论述的过程中，不断对其内容进行丰富和发展，赋予了青年爱国主义以新的时代内涵，给爱国主义注入新鲜血液。更为重要的是，习近平总书记将马克思主义的国际主义情怀与全球责任相结合，创新性地提出人类命运共同体理念，这是新时代青年爱国主义理论的重要创新，充分展现了中国共产党的民族情怀和世界担当，符合中国人民和世界最广大人民的利益，被写入联合国多项决议，获得全球普遍认同，指引着全球青年为构建人类命运共同体贡献青春智慧和力量。

第二，对中国共产党青年爱国主义思想的创新。新的时代背景下，中国共产党在中国共产党其他主要领导人青年爱国主义思想的基础上，不但提出了"中国梦"是当代青年运动主题的重要论述，还提出了当代中国爱国主义的"本质论"。相比之前毛泽东指出的"中国共产党是中国人民的最忠实的代言人"①，邓小平指出的"不爱共产党领导的社会主义的新中国，爱什么呢?"② 等思想论述，在忠实传承的基础上又有了创新性的表达形式和内涵，为青年深刻把握当代中国爱国主义的主题和本质指明了方向，提供了理论遵循，体现了新时代中国共产党人和习近平总书记对中国共产党其他主要领导人青年爱国主义思想的传承和创新。

第三，对中华民族爱国主义优良传统的创造性转化和创新性发展。新时代青年爱国主义理论不仅一脉相承于中华民族爱国主义的优良传统，而且结合新的时代背景、社会条件，对中华民族爱国主义优良传统实现了创造性转化和创新性发展。在新时代青年爱国主义理论体系中，将传统"家国天下"理念运用到对"中国梦""家庭梦"和"个人梦"的诠释中；将"计利当计天下利""协和万邦"等理念运用到共建人类命运共同体、"一带一路"的伟大实践中，对传统爱国文化进行了符合时代所需、回答时代之问的创新表述。不仅如此，立足新时代青年爱国主义的新实践，党和国家特别是习近平总书记又提出了其他很多关于青年爱国主义的新论述，实现了对中华民族爱国主义优良传统的创造性转化和创新性发展。

---

① 毛泽东. 毛泽东选集：第三卷 [M]. 北京：人民出版社，1991：1087.
② 邓小平. 邓小平文选：第二卷 [M]. 北京：人民出版社，1994：392.

第四，新时代青年爱国主义理论把握时代脉搏，体现了高远的创新性特征。一是中国特色社会主义进入新时代，提出的青年爱国主义的主题极具创新性。爱国主义是一个历史范畴，不同历史时期的爱国主义有不同的主题。"中国特色社会主义进入新时代"① 的重大论断，不但指明了我国国家和社会的发展程度，而且寓意着当代中国的爱国主义亦进入了新的历史阶段和历史方位。在新阶段和新方位上，中国共产党提出的"实现中华民族伟大复兴的中国梦，是当代中国爱国主义的鲜明主题"② 这一重要论断，表达了中华儿女的共同期盼，成为青年共同的精神家园，必然也当然地成为青年爱国主义的主题。同时，中国梦深化了新时代爱国主义思想的理论内涵，彰显了近代以来我国社会发展的历史逻辑，唤起了人民特别是广大青年对民族复兴的渴望，促进了中华民族的大融合和大团结，激发了人民特别是广大青年的爱国奋斗精神，成为引领新时代爱国主义发展的核心价值目标，极具时代感召力和引领力。二是面临世界百年未有之大变局，创新性地提出人类命运共同体理念。马克思主义认为，历史向世界历史转变是总趋势，因此，要用新型的观念来应对当今时代全球性危机和现代性困境，以构建更加公正合理的国际政治经济秩序，引领好人类开辟更加美好的前景。在这样的时代背景下，中国共产党敏锐而又深刻的"观察时代、解读时代、引领时代"，认为全球化是不可逆转的历史趋势，因此，要倡导文明互鉴，促进全球的交流和交往，并以马克思世界历史思想为方法论基础，提出了把握时代脉搏的"人类命运共同体"理念。从爱国主义的范畴解读，人类命

① 习近平. 决胜全面建成小康社会 夺取新时代中国特色社会主义伟大胜利: 在中国共产党第十九次全国代表大会上的报告［N］. 人民日报, 2017-10-28（1）.

② 习近平. 大力弘扬伟大爱国主义精神 为实现中国梦提供精神支柱［N］. 人民日报, 2015-12-31（1）.

运共同体理念也是全球化时代青年爱国主义的理念创新，倡导青年要爱自己的国家和人民，同时，也要为世界和人类作出贡献，引领了世界各国青年拓展爱国的国际视野和人类情怀，极大地体现了青年爱国主义的创新性。

总之，新时代青年爱国主义理论兼具了历史责任和时代责任：在传承中，新时代青年爱国主义理论不断积累，在马克思列宁青年爱国主义理论和实践的结果上开始新的探索；在创新中，为马克思主义的爱国主义理论体系输入新鲜血液、提供源头活水，让马克思主义青年爱国主义理论再次展现出与时俱进的生机与活力，充分体现了传承性和创新性相统一的基本特征。

第二节　理论性和实践性相统一

从理论体系自身来讲，新时代青年爱国主义理论既包含价值维度、理论维度等内容，又包含实践维度方面的系列内容，系统地回答了关于青年爱国主义"为什么""是什么""怎么办"的一整套问题，因此，既是一套完整的理论体系，又具有实践指导意义，体现出理论性和实践性相统一的基本特征。

一、科学的理论体系

新时代青年爱国主义理论的主要内容之间不是孤立的，而是一个有着内在逻辑，系统、严密的理论体系，其在把握客观规律基础上，为广大青年廓清了爱国主义的理论认知，确立了价值导向。

　　第一，新时代青年爱国主义理论是一个逻辑严密的理论体系。在理论主线上，当代中国爱国主义的"本质论"贯穿新时代青年爱国主义理论的始终，指引着当代中国爱国主义的发展方向，为实现中国梦提供根本前提和可靠保证。实现中华民族伟大复兴，是当代中国爱国主义的鲜明主题，紧密围绕这一主题，"纲举而目张"地把关于青年爱国主义的重要论述从多方面和层次展开。爱国主义是中华民族精神的核心这一论断指明了爱国主义的重要价值和地位；爱国主义是实现中国梦的精神支柱这一论断，指明了爱国主义对实现中国梦的重要作用；而爱国主义是青年立德立功之本的论断，指明了爱国主义对青年成长成才的保驾护航作用。在当代中国，要想把爱国主义的内在精神力量转化为推动经济社会发展的现实物质力量，就要把爱国主义教育作为永恒主题。只有通过爱国主义教育，才能培养青年的爱国情、强国志、报国能和效国行，最终知行合一，为实现民族复兴贡献青春力量；才能培养"兼济天下"，具有国际胸怀，志在为人类命运共同体作出贡献的新时代中国青年。由此可见，新时代青年爱国主义理论的主要内容之间，既相互联系又相对独立，既主线清晰又逻辑严密，体现了鲜明的逻辑性和整体性。

　　第二，新时代青年爱国主义理论把握住物质和意识的辩证关系规律，论述要弘扬爱国主义精神，为实现中国梦提供精神支柱。马克思主义认为，物质决定意识，意识对物质具有反作用。精神在一定条件下可以转化为物质。伟大的事业需要伟大的精神，新时代青年爱国主义理论指明，作为生力军的青年要大力弘扬伟大爱国主义精神，为实现中国梦提供精神动能、智力支持和实践支撑。作为坚定的马克思主义者，中国共产党在对青年爱国主义进行论述的过程中，深刻地把握住了物质和意识的辩证关系规律，看到了青年的爱国主义精神状态在助力实现中国梦的过程中发挥了多方面的重要作用：作为一种情感，其激励青年厚植爱国情，为实现中国梦注入强大的青年情感动力；作为一种价值观念，其发挥凝聚作用，为实现中国梦凝聚广大青年的价值共识；作为一种道德规范，其规范广大青年的道德言行，为实现中国梦增添青年的道德力量；作为一种政治原则，其增强青年对中国特色社会主义制度和中国共产党领导的认同，为实现中国梦筑牢青年政治认同基础；作为一种明确的实践指向，其倡导青年爱国奋斗、奉献祖国、服务人民，落实于行动而不是停留在口号上，为实现中国梦提供了源源不断的青春力量。同时，在实践中，新时代中国共产党坚持以人民为中心的发展理念，为广大青年的人生出彩搭建平台，这无疑把握住了物质和意识辩证关系规律的另一方面，为广大青年更加热爱中国共产党领导的社会主义中国奠定好了物质基础和群众基础。

第三，新时代青年爱国主义理论具有高度的理论说服力。一种理论或价值观能否成为青年的普遍选择，能否为青年廓清认知，在很大程度上取决于理论本身的说服力。例如，针对一些人敌视中国的崛起而散布的"中国威胁论"等错误论调，习近平总书记在国际社会多个场合阐述中国的爱国主义理论内涵时指出："中国这头狮子已经醒了，但这是一只和平的、可亲的、文明的狮子。"[①] 向世界宣示了新时代青年爱国主义理论倡导的青年爱国主义是和平、文明的爱国主义而不是要称霸世界、威胁世界的爱国主义。针对"民族主义"，习近平总书记在多次讲话中旗帜鲜明地号召广大青年要坚定爱国主义的信念，要树立民族意识，民族自豪感，但又坚决反对狭隘的民族主义。针对历史虚无主义思潮企图通过虚无新中国历史、污蔑领袖、抹黑英雄来摧毁青年爱国主义

---

① 习近平. 在中法建交 50 周年纪念大会上的讲话［N］. 人民日报，2014-03-29（2）.

思想根基的言行，习近平总书记深刻地揭露了历史虚无主义企图"从根本上否定马克思主义指导地位和中国走向社会主义的历史必然性，否定中国共产党的领导"① 的本质，并倡导青年爱国要向英雄人物学习，引领着广大青年从英雄人物的事迹和精神中坚定爱国主义信念，等等。

二、鲜明的实践指向

理论来源于实践的同时又指导现实社会实践。新时代青年爱国主义理论还是中国共产党在治国理政过程中的实践经验升华，并以指导青年爱国主义实践为根本目的和最终归宿。

第一，新时代青年爱国主义理论是在实践发展的基础上得出的科学理论，其形成和发展既有着深刻的历史渊源，又是对当前中国现实青年爱国主义问题的高度凝练。首先，新时代青年爱国主义理论所包含的思想内容一脉相承于马克思主义、中国共产党其他主要领导人的青年爱国主义思想以及中华民族的优良爱国主义传统中，其理论体系中贯穿着马克思主义爱国主义和中华民族爱国主义优良传统的基因，具有深厚的理论渊源和文化底蕴。其次，新时代青年爱国主义理论的形成又离不开当下中国的历史现实。新时代的中国，站在从未离中华民族伟大复兴如此之近，又面临世界百年未有之大变局的历史关键节点之上，特别需要产生满足时代之需，回答时代之问，能解决青年爱国主义现实问题，凝聚广大青年同心共圆中国梦的青年爱国主义理论。党和国家紧紧把握住时代之需，立足回应新时代青年爱国主义实践之问，解决当代中国青年面临的爱国主义现实问题、青年爱国主义教育问题并对青年爱国主义的实

① 中共中央党史研究室. 历史是最好的教科书：学习习近平同志关于党的历史的重要论述［M］. 北京：中共党史出版社，2014：8.

践路径等方面作出了系统、全面又与时俱进的论述，因此，具有鲜明的实践指向特征。

第二，新时代青年爱国主义理论对于青年爱国主义教育实践具有重要指导作用。针对"怎样培育人"的重大问题，习近平总书记指出，要在厚植爱国主义情怀上下功夫，让爱国主义精神在学生心中牢牢扎根；针对如何做好青年爱国主义教育，习近平总书记提出了工作重点、工作目标、途径和方法等，旨在培养和引领青年的爱国之情、强国之志、效国之能和报国之行；针对逆全球化思潮对青年的影响，习近平总书记指出，要构建人类命运共同体，实现共赢共享，共建世界美好的"百花园"；针对狭隘民族主义对青年的毒害，习近平总书记强调，要提高维护民族团结大局的自觉性，坚决反对危害民族团结大局的大汉族主义和狭隘民族主义。这些论述对如何做好青年爱国主义教育提供了科学指导和实践遵循，充分体现了新时代青年爱国主义理论对于指导实践的强大作用。

第三，党和国家在新时代还善于根据不同的青年群体特点，提出弘扬爱国主义的具体途径，给青年践行爱国主义指明方向。例如，习近平总书记给西部支教大学毕业生群体代表回信，赞扬他们响应国家号召的感人事迹，引领青年大学生们"到基层和人民中去建功立业"[1]；他给南开大学新入伍大学生回信，表扬他们"怀揣着从军报国的理想，暂别校园、投身军营"[2] 的志向和激情，指引着广大青年传承投笔从戎的家国情怀；他给西藏大学医学院学生回信，希望他们"毕业后到人民

---

① 习近平. 给河北保定学院西部支教毕业生群体代表的回信［N］. 人民日报，2014-05-04（1）.

② 习近平总书记给南开大学8名新入伍大学生的回信［N］. 光明日报，2017-09-26（1）.

最需要的地方去，以仁心仁术造福人民特别是基层群众"①；他给 90 后抗疫青年回信，鼓励广大青年"让青春在党和人民最需要的地方绽放绚丽之花"②。这些重要论述是新时代青年爱国主义理论的重要内容，指导着不同的青年群体，结合自身志向和所学所长弘扬和践行爱国主义精神，充分体现了新时代青年爱国主义理论鲜明的实践指向特征。

总之，新时代青年爱国主义理论不但理论内涵深刻丰富，而且对于实践具有极强的指导意义，既回应了青年爱国主义的重大理论问题，廓清了青年关于爱国主义的错误认知，又为新时代青年爱国主义教育提供了实践遵循，还指明了青年爱国主义的实践路径等，充分体现了理论性和实践性相统一的基本特征。

第三节　现实性和前瞻性相统一

新时代青年爱国主义理论不但立足当前，注重回应青年爱国主义和如何做好青年爱国主义教育的现实问题，具有很强的现实性；而且视野开阔，既着眼长远，为民族伟大复兴培养能担当大任的时代新人，具有高度的前瞻性，体现了现实性和前瞻性相统一的基本特征。

一、直面现实关照青年特点

新时代，党和国家在看到了青年最富有朝气和最富有梦想的同时，

---

① 习近平总书记给在首钢医院实习的西藏大学医学院学生回信引发强烈反响 [N]. 人民日报，2020-02-24（1）.

② 习近平回信勉励北京大学援鄂医疗队全体"90 后"党员 [N].人民日报，2020-03-17（1）.

也看到了青年认识、理解和实践爱国主义的一些现实不足和当前青年爱国主义教育面临的重要问题。直面这些问题，新时代青年爱国主义理论系统地论述了如何有针对性地做好青年爱国主义教育。

第一，针对青年的性格爱好特点，提出在对青年开展爱国主义宣传教育时不仅要做到"深入、持久"更要做到"生动"。以高校对大学生开展的爱国主义教育为例，目前一些高校的爱国主义教育教学存在着理论与实践脱节、缺乏时代性和针对性、教学形式单一等问题，这就导致了大学生在接受爱国主义学习教育的过程中觉得枯燥、乏味甚至厌烦。再加上当代00后大学生学习、生活、心理及思维方式带来的巨大冲击，进而会导致一些爱国主义教育教学方式欠缺生动性，失去了爱国主义教育应有的生命力。新时代，党和国家特别是习近平总书记提出关于青年爱国主义宣传教育要"生动"的重要论述，契合了青年的性格爱好特点，进而通过增强对青年的吸引力来提升了爱国主义教育的效果。

第二，针对青年缺乏社会阅历的特点，提出青年爱国要"到实践中"去。进入新时代后，党和国家特别是习近平总书记在不同的场合强调，广大青年爱国不能停留在口号上，爱国要奋斗和力行，要在投身中华民族伟大复兴中国梦的生动实践中建功立业。习近平总书记还鼓励青年参与丰富多彩的志愿服务类实践活动，指出"志愿者事业要同'两个一百年'奋斗目标、同建设社会主义现代化国家同行"①，引领青年在参与志愿服务活动的实践中表达爱国热情，践行爱国行动。爱国从来都不是空洞的口号，而是奋斗的行动。新时代青年爱国主义理论这些有针对性的论述明确地表达了青年爱国要到实践中去，要落实在行动上的思想观点，不但指引着新时代青年爱国要知行合一，也要贯彻基层导

---

① 张朝晖. 着力健全青年志愿服务体系［N］. 中国青年报，2019-11-26（7）.

向和人民导向。

第三，针对青年的网络化生活特点，提出要充分应用网络和现代信息传媒的新艺术形式进行青年爱国主义教育。进入新时代后，习近平总书记指出："可以发挥互联网优势，实施'互联网+教育'。"① 这明确地启发我们：必须要占领网络阵地，引领好舆论氛围，在互联网上传播好爱国主义主旋律，将互联网打造成对青年进行爱国主义教育的有效载体，使青少年在风清气朗的网络上厚植爱国情、坚定强国志，提升爱国能，进而在现实实践中践履报国行。

总之，进入新时代后，党和国家特别是习近平总书记注意尊重青年天性，照顾青年特点，在把握青年群体的心理生理发展规律和成长成才规律的基础上，提出了很多提升青年爱国主义教育针对性的论述，这些论述一方面是新时代青年爱国主义理论体系中的重要内容，另一方面深刻体现出了新时代青年爱国主义理论立足于解决当前问题的现实性基本特征。

二、着眼长远培育时代新人

根据马克思主义的观点，我们看问题、办事情既要着眼长远，又要立足当前。就本书爱国主义的研究范畴来说，爱国主义教育是全民教育，要激发全体人民的爱国主义磅礴力量投身国家的建设和发展，然而，爱国主义教育还是重点教育，要着眼长远，抓住促进国家和社会发展的重点群体——青年。新时代青年爱国主义理论就是这样具有前瞻性基本特征的理论体系。

① 习近平. 在网络安全和信息化工作座谈会上的讲话［N］. 人民日报，2016-04-26（2）.

第一，战略重视，培育爱国青年。历史和现实雄辩地说明，世界上没有一个国家的政党像中国共产党这样，从战略上高度重视关心和培养年轻人。在中国共产党建党的血脉里，流淌着青春的特质——13 位参与中共一大会议的建党创始代表，平均年龄只有 28 岁；在中国共产党的发展壮大史上，无数生机勃勃的中华儿女怀着对党的性质和宗旨的高度认同，在意气风发的人生初始就满怀信仰和抱负加入党组织；在革命、建设和改革开放的昨天，广大青年毅然投入为人民服务的事业中来，为中国实现从"追赶世界"到"引领世界"作出了卓著贡献。可以说，中国共产党历经百年风雨而始终充满生机活力的一个重要原因，就是党的队伍中始终活跃着胸怀爱国理想、充满奋斗精神的青年人。而中国共产党自成立之日起，就始终从"育新人"的高度，关心和培育爱国青年，为实现民族复兴注入新生力量。在百年未有之变的今天，中国共产党赓续优良传统并深刻认识到，青年胸怀祖国放眼世界志在为人类作出贡献的爱国情怀和奋斗精神，是战胜一切艰难险阻走向伟大复兴的强大力量，以为民族复兴培养爱国青年的长远眼光，提出了一系列高瞻远瞩的青年爱国主义的新思想新观点，深刻而又生动地展现了新时代青年爱国主义理论从战略上重视、关心和培养爱国青年的基本特征。

第二，关照未来，为中华民族伟大复兴激发青年力量。新时代青年爱国主义理论体系中"要把加强青少年的爱国主义教育摆在更加突出的位置"的论述，把握住了事物矛盾规律，即抓住主要矛盾和矛盾的主要方面。就爱国主义教育来说，要放眼未来，抓住青年这个国家和民族甚至世界的未来这个群体，就是抓住了主要矛盾和矛盾的主要方面。在此基础上，做好针对青年群体的爱国主义教育，就是为中华民族伟大复兴激发青年力量。青年树立和中国梦同心同向的理想信念并为之接续接力，则中国梦终将在一代代青年的接力奋斗中变为现实。

第三，关心青年成长成才，培养担当民族复兴大任的时代新人。从国家和民族的前途考虑，一方面，党和国家特别是习近平总书记希望用爱国主义的伟大精神来凝聚青年群体，进而赢得国家和民族甚至世界美好的未来；从青年个人将来的发展前瞻考虑，另一方面，党和国家特别是习近平总书记认为，青年正处于人生的"拔节孕穗期"，要抓住时机，对青年进行精心引导和栽培，特别是要培养青年的爱国心。习近平总书记指出，爱国主义不仅仅是人世间最深沉、最持久的情感，还是大德，是人生最基本的东西，是青年的立身之本和成才之基，因此，用爱国主义教育引领青年，就是为青年指明了正确的人生方向，为青年的成长成才奠定了良好的思想基础。关心青年成长成才，提高青年的爱国之能，在中华民族伟大复兴全局视野下进行考量，新时代青年爱国主义理论就是以培养将来能够担当民族复兴大任的时代新人为理论旨归，深刻彰显了该理论前瞻性的理论特征。

总之，新时代青年爱国主义理论是在中华民族伟大复兴的全局下孕育产生的理论体系，该理论着眼于为民族复兴培养爱国青年，关照党和国家以及青年个人的未来，同时关心关注解决青年爱国主义和青年爱国主义教育的现实问题，生动地体现了现实性和前瞻性相统一的基本特征。

第四节　民族性和国际性相统一

一种思想理论如果不能体现中国特色、中国风格和中国气派，就会因为缺乏民族性而难以扎根中国大地生根发芽；同时，一种思想理论如果缺少世界性，就不能顺应世界历史发展大势，难以应对世界各种思想文化的挑战。立足于民族，新时代青年爱国主义理论强调青年对国家和民族的责任、义务和特殊关切，激发了青年投身民族复兴伟业的积极性和主动性；面向于世界，新时代青年爱国主义理论指引着广大青年既要爱自己的国家，在奉献国家和民族的同时，也要为人类命运共同体贡献中国青年的智慧和力量，体现出了民族性和国际性相统一的基本特征。

一、立足民族的家国情怀

马克思主义认为，物质决定意识，强调的是物质对意识的决定作用。从人类生活的历史来看，也从未出现过任何一种脱离民族风格的社会意识形态。作为一种产生在中华大地上的社会意识形态，新时代青年爱国主义理论必然植根于中华民族优良的爱国主义传统之中，成熟和完善于中国青年爱国主义的实践之中，具有鲜明的中国特色、中国风格、中国气派等民族内容和形式，彰显了立足民族的家国情怀。

第一，从表现形式上，新时代青年爱国主义理论借鉴了中华民族语言的表达形式。新时代青年爱国主义理论善于引经据典，博采借鉴中华优秀传统文化的表达方式。例如，在文艺工作座谈会上的讲话中，习近平总书记引用范仲淹、陆游、文天祥、林则徐、岳飞的爱国诗词，论述拥有家国情怀的作品才最有感召力，增强了关于青年爱国主义重要论述的文化底蕴，让广大青年在共同的中华民族记忆和文化传承中受到爱国文化熏陶。同时，新时代青年爱国主义理论注意用青年喜闻乐见的语言等来阐发爱国主义的理论、观点和方法，进一步丰富了马克思主义爱国主义的中国话语体系。比如，用"爱国，不能停留在口号上"①的大众话语，通俗易懂又蕴含真理地引领青年爱国要知行统一。又比如，在2020年的新年贺词中，习近平总书记用"爱国主义的硬核力量"来形容爱国主义具有巨大的力量，引起青年的内心喜爱，引发青年的思想共鸣，成为既入青年脑又入青年心的流行爱国金句，让"高大上"的爱国理论转化为青年所熟悉和喜爱的民族语言。

第二，从精神内核上，新时代青年爱国主义理论传承了中华民族的爱国主义精神品格。中华民族独特的精神品格是由其独特的历史命运和深厚的文化传统决定的。中华民族在人类文明的漫长发展进程中创造的灿烂文化源远流长、博大精深，其中，爱国主义是积淀在中华民族生命之河深层的精神珍宝，是中华民族精神的核心，充分体现了中华民族鲜明独特的精神品格。"居庙堂之高则忧其民，处江湖之远则忧其君"的忧国忧民情怀；"苟利国家生死以，岂因祸福避趋之"的报国之心；"捐躯赴国难，视死忽如归""只解沙场为国死，何须马革裹尸还"的英雄气魄；"男儿何不带吴钩，收取关山五十州""死去元知万事空，但悲不见九州同"的统一追求，都是中华民族鲜明独特爱国主义品格的生动写照。作为马克思主义爱国理论的最新理论成果，新时代青年爱国主义理论在精神内核上对中华民族爱国主义精神品格的传承和充分展现，充分体现了其民族性特质。

第三，从时代内涵上，新时代青年爱国主义理论注重立足民族性注入崭新内涵。在中华民族的优良传统之中，家国情怀是植根在中国人内心深处的内源动力和精神执念，它激励着广大人民心系国家和民族，为

①　习近平. 在北京大学师生座谈会上的讲话［N］. 人民日报，2018-05-03（2）.

国家的强盛和永续发展接续接力。青年是国家、民族和党的未来,当代青年生逢盛世,更是肩负着民族复兴的历史重任。为了激励和激发青年的爱国热情,党和国家注重立足于民族性,大力倡导青年应该树立新时代的"家国情怀"。党和国家倡导的新时代家国情怀,既蕴含着中华民族家国一体的文化底蕴,又立足于新时代予以崭新内涵,其核心要义包括:"擘画民族复兴新蓝图;筑牢家国共同体意识;增厚爱国与爱党、爱社会主义相统一的鲜明底色;强化爱国情怀的历史底基"① 等,为新时代弘扬家国情怀阐明了价值立场,指明了方向,指引着新时代中国青年,要在中华民族伟大复兴的壮丽征程中传承家国情怀中的责任和担当意识,奉献国家和人民;要投身中华民族千秋伟业,立志为国为民做大事,而不是只顾个人和小家;要小我融入大我,以热血青春之我、砥砺奋斗之我,建功立业新时代,为祖国建设添砖加瓦,为民族复兴铺路架桥。

二、面向世界的人类情怀

新时代青年爱国主义理论既是立足民族的,又是面向世界的。青年不仅是国家、民族和党的未来,也是世界的未来。新时代青年爱国主义理论大力倡导广大青年弘扬爱国主义既要立足民族,传承爱国主义的优良传统,站稳爱国主义的中国立场;又要面向世界,以开放包容、互鉴共进的姿态,与世界人民携手共创美好未来,具有宽广的国际视野、博大的国际胸怀和宏大的担当精神,彰显了面向世界的人类情怀。

第一,在理论视野上,新时代青年爱国主义理论具有宽广的国际视

---

① 田旭明. 习近平关于家国情怀重要论述的精髓要义 [J]. 马克思主义研究,2020
(12):54-57.

野。进入新时代以来，中国用一个又一个的"中国速度""中国奇迹""中国震撼"取得了从"追赶时代"到"引领时代"的巨变。这种巨变，意味着中国正加速迈向伟大复兴并且不可逆转，同时，随着以中印为代表的新兴国家经济的快速发展，世界政治经济格局也发生着深刻而复杂的变化，世界面临着百年未有之大变局。党和国家在论述青年爱国主义时，一方面紧紧把握具有纵深历史视角的中华民族伟大复兴的全局，号召广大青年要胸怀祖国，为实现中国梦贡献青春力量；另一方面，顺应世界发展大势，以宽广的国际视野紧抓世界百年未有之大变局的历史机遇期，号召广大青年要放眼世界，为维护世界和平和发展贡献青年力量。在新时代青年爱国主义理论的指引下，广大青年更加深刻地了解世情、国情和党情，把握世界与中国发展大势，在更宽广的视野和更深层次上认识到，中国与世界的关系无论是在交往深度上，还是在互动模式上，都有了历史性的变革，中国更加需要世界，世界也更加需要中国。因此，新时代中国青年应该摒弃狭隘的民族主义情结，以更加理性平和、开放自信的爱国精神风貌，为解决中国现实问题和人类共同面临的世界难题提供精神动能。

第二，在理论品格上，新时代青年爱国主义理论具有博大的国际胸怀。习近平总书记在接受媒体采访时曾表示，中国人奉行的爱国主义既有民族情怀又具有博大的国际胸怀。以党和国家倡导的"一带一路"为例，"一带一路"倡议，是落实"人类命运共同体"理念的具体举措，也是青年实践爱国主义的具体方向。在国内，习近平总书记在纪念五四运动 100 周年大会上等多个场合勉励新时代中国青年要关注并积极参与共建"一带一路"；在国际上，习近平总书记给参加"一带一路"青年创意与遗产论坛的青年代表回信，盛赞各国青年对"一带一路"

倡议的积极响应和热情参与。新时代青年爱国主义理论的直接论述和相关事例向世界宣示着：党和国家倡导的新时代青年爱国主义，不是中国发展了要损害他国，而是追求中国和世界各国一起发展进步为诉求；不是只认同本国制度和文化，而是充分尊重世界各国社会制度和历史文化；不是你死我活或你输我赢，而是合作共赢饱含"协和万邦"国际情怀的爱国主义，充分彰显了新时代青年爱国主义理论具有博大国际胸怀的理论品格。

第三，在理论境界上，新时代青年爱国主义理论具有宏大的人类情怀。新时代青年爱国主义理论还彰显了"天下一家"和"兼济天下"的格局与气度。① 当今世界正经历着全方位多领域的深入发展，互联网、大数据、云计算、区块链、人工智能等新技术正在深刻改变着人类社会生活，新时代青年要以全球视野认识和思考国家和世界问题，做一个格局广阔、心怀天下、志在贡献人类的人。进入新时代以来，习近平总书记一直身体力行致力于推动世界青年互联互通，希望中国青年和其他各国青年携手并肩，推动不同文明和谐共生，构建更为健康的国家关系，积极为构建人类命运共同体添砖献瓦，建设人类美好家园，促进人类的和平与发展。人类命运共同体理念是新时代青年爱国主义理论中的创新理念，其理论品格超越了民族、国家与意识形态的界限，其理论境界高度彰显了新时代青年爱国主义理论的人类情怀以及担当精神，引领着中外广大青年要有家国意识，也要有人类情怀，要勇于担当推进人类和平与发展的崇高事业，为构建人类命运共同体添砖献瓦。

---

① 田旭明. 习近平关于家国情怀重要论述的精髓要义 [J]. 马克思主义研究, 2020 (12)：58.

　　总之，新时代青年爱国主义理论体系既展现了民族情怀，又体现了世界担当，既是民族的，又是世界的，其自信的胸襟和开放的品格体现了民族性和世界性相统一的基本特征。

第五章

新时代青年爱国主义理论的当代价值

新时代青年爱国主义理论是在新的时代背景下，面对世情、国情和青年群体的新变化、新情况和新特点而形成的系统的、精深的思想理论体系，是当前凝聚我国青年力量投身民族复兴伟业，对青年开展爱国主义教育等必须要坚持的指导思想和理论体系，具有重要的当代价值。对新时代青年爱国主义理论当代价值的深入理解和把握，对于深入学习和正确贯彻该理论体系具有重要意义。

第一节　新时代青年爱国主义理论的理论价值

青年一代是否爱国，是否具备爱国的情感、志向、能力和行为，这是关系到党和国家的事业能否薪火相传，关系到中国梦能否顺利实现的重大战略问题。新时代青年爱国主义理论体系打开了马克思列宁主义青年爱国主义思想的新篇章，丰富和弘扬了中国共产党的青年爱国主义思想，创造性转化和创新性发展了中华民族爱国主义的优良传统，为全球青年树立科学爱国观提供了中国智慧，具有丰富而深刻的理论内涵，彰显了重要的理论价值。

一、开辟了马克思列宁主义青年爱国主义思想的新境界

进入新时代后，世情、国情、党情以及青年的思想特点等都在发生着深刻而复杂的变化，在一脉相承于马克思列宁主义青年爱国主义思想的基础上，在主动顺应时代发展新要求，遵循中国和国际社会发展新规律的基础上，新时代青年爱国主义理论产生了新的主题、本质、内涵和特征，不仅在理论层面上对马克思列宁主义青年爱国主义思想进行了重大创新，而且有效推动我国青年爱国实践活动提质增效，还对于完善中国化马克思主义理论体系以及推动中国特色社会主义理论创新具有重要意义。

一是党和国家善于将马克思主义基本原理运用到关于青年爱国主义的重要论述理论体系之中。特别是习近平总书记坚持历史唯物主义基本原理，在关于青年爱国主义重要论述中提出的人类命运共同体理念，在理论定位方面，实现了从阐释世界到着力打造新型国际关系的提升；在价值目标上，从指向共产主义的终极目标到更为关切眼前可达成的合作共赢现实目标；在实践主体上，淡化了阶级冲突而重在倡导世界各国人民的普遍参与；在实践路径上，实现了由"暴力革命"到平等对话的转化①，为推动世界历史前进提供了新的理论定位、新的价值目标，拓展了实践主体，创新了实践路径，在继承马克思列宁主义青年爱国主义思想的基础上，又超越了马克思列宁主义青年爱国主义思想中的意识形态对立和阶级斗争学说，实现了从原来的国际秩序到现在人类秩序的超

---

① 彭雪华，崔发展. 人类命运共同体理念对马克思世界历史理论的创造性发展 [J]. 人民论坛，2020（33）：91-92.

越，解决了人类难题，回答了时代之问，为全球化深入发展提供价值导向，为全球治理铸魂奠基，以宏大的世界眼光和崇高的人类情怀，实现了对马克思世界历史理论的创造性发展，开辟了马克思列宁主义青年爱国主义思想的新境界。

二是在爱国主义的语境下提出的"中华民族共同体意识"是具有创新性的一个崭新概念。在这个概念的基础上，党和国家进一步提出"铸牢中华民族共同体意识"的论述，同样具有重要的爱国主义意义。这是因为，该论述一方面有助于各民族青年建立共同的精神家园，从而打牢建设中华民族共同体的思想基础，凝聚各民族青年力量以实现当代中国爱国主义的主题——中华民族伟大复兴的中国梦；另一方面，通过铸牢中华民族共同体意识，有助于各民族青年牢固树立中华民族大家庭的"共同体"意识，有助于增强各民族的向心力和凝聚力，进而构筑爱国主义的民族合力。青年爱国就要为铸牢中华民族共同体意识作出贡献，因而，"中华民族共同体意识"的相关论述可纳入新时代青年爱国主义理论的理论体系。"中华民族共同体"这一崭新概念，不仅是党和国家站在"两个一百年"奋斗目标、实现中国梦的战略高度对做好新时代民族工作提出的工作要求，更是党和国家提出的重要学术概念，不但揭示了多元一体的"中华民族"的共同体本质，而且赋予学术界广为接受的"中华民族多元一体格局"以历史唯物主义的根基，具有重大的现实意义和重要的学术价值。"中华民族共同体"的提出发展了马克思主义的共同体理论，丰富和完善了"共同体"思想，既客观描述了当前我国民族关系的发展状况，又概括了其本质特征，是对马克思主义民族观的丰富和发展，是新时代马克思主义民族理论中国化的重大创新，因其具有重要的爱国主义意义而开辟了马克思列宁主义青年爱国主义思想新境界。

三是运用马克思主义"重点论"原理，把青少年作为爱国主义教育的重点对象。根据马克思主义唯物辩证法重点论和两点论相统一的原理，在进行青年爱国主义教育的时候，既要注意把握青年爱国主义教育的主要矛盾，又要注意抓住青年爱国主义教育的次要矛盾；既要把握青年爱国主义教育矛盾的主要方面，又要抓住青年爱国主义教育矛盾的次要方面。党和国家不仅面向全体人民，倡导要把爱国主义教育作为永恒主题，做好爱国主义教育的全民教育，更聚焦青少年，并且还强调要把加强青少年的爱国主义教育摆在更加突出的位置，要紧紧抓住青少年阶段的"拔节孕穗期"，注重开展"深入、持久、生动"的青年爱国主义宣传教育，教育青年爱国要知行统一等。这充分说明，新时代青年爱国主义理论注意抓住爱国主义教育的主要矛盾和重点方向，注重抓住青少年这个维护祖国统一、民族团结、社会稳定有生力量的爱国主义教育工作重点群体，充分体现了该理论对马克思主义基本原理的坚持和对马克思列宁主义青年爱国主义思想的与时俱进。

总之，新时代青年爱国主义理论是根据当前国际国内形势和任务，针对中国特色社会主义进入了新时代这一重要特征而做出的马克思主义理性思考，在坚持马克思主义关于青年爱国主义的根本立场和基本观点的同时，拓宽了青年爱国主义的理论视野，赋予了青年爱国主义崭新的时代主题和全新的理论内涵，彰显了博大的国际主义情怀和人类担当，用其独特的内涵、气质、价值和影响力为马克思列宁主义青年爱国主义思想开辟了崭新的境界。

二、丰富和弘扬了中国共产党的青年爱国主义思想

五四运动百余年来的历史证明，党一直信任青年、依靠青年、帮助青年，发挥青年爱国的磅礴力量，取得了革命、建设和改革开放的伟大胜利。在这个党同青年血脉相连的历史进程中，青年也形成了不忘初心坚定跟党走的光荣传统，更是形成了中国共产党的青年爱国主义思想。新时代青年爱国主义理论是在以往中国共产党青年爱国主义思想基础上发展起来的，中国共产党的历代领导人和领导集体都对关于青年爱国主义的问题进行了深入的思考和系统的表述，既为新时代青年爱国主义理论提供了直接理论来源，也为激发青年的爱国磅礴力量奠定了坚实的思想基础。

以毛泽东为核心的中国共产党第一代领导集体较早地探讨了青年爱国主义问题，初步形成了中国化马克思主义青年爱国主义思想并成为毛泽东思想的重要组成部分。第一代中国共产党人把解决国家和民族的独立解放作为重要的目的，吸引了广大爱国青年跟着中国共产党完成"革命救国、抗日救国"以及推翻国民党反动统治等历史任务，建立了社会主义新中国，其具有鲜明"革命"特征的青年爱国主义思想不仅使得青年自身翻身得解放，更让中国"站"了起来。以邓小平为核心的中国共产党第二代领导集体创立了邓小平理论，创新性地推进改革开放来解放生产力和发展生产力，建设了具有中国特色的社会主义，使中国"富"了起来。在这个历史进程中，邓小平具有鲜明"改革开放"特征的青年爱国主义思想引领广大青年，爱中国特色社会主义的中国，为国家富强和人民富裕贡献力量，开辟了中国化马克思主义青年爱国主义的新天地。以江泽民为核心的中国共产党第三代领导集体注重把青年

的爱国热情引导到建设有中国特色的社会主义伟大事业上来，通过颁布
《爱国主义教育实施纲要》、建设爱国主义教育基地等措施，取得了良
好的青年爱国主义教育效果，并对爱国主义的概念、价值、特征进行了
科学概括、创新定位和最新阐发，推动了中国共产党青年爱国主义思想
的纵深发展。以胡锦涛为总书记的中国共产党中央领导集体，明确了青
年的责任与使命，阐明了爱国主义精神的科学内涵，其关于"八荣八
耻"，建设社会主义核心价值体系的思想和实践，均对新时代青年爱国
主义理论产生了重要影响。

　　新时代青年爱国主义理论是回答新时代青年爱国主义之问，解决新
时代青年爱国主义所需的崭新理论体系，它极大地丰富和弘扬了中国共
产党的青年爱国主义思想，主要体现在：一是实现了青年爱国主义主题
的与时俱进，倡导青年要做实现中华民族伟大复兴的先锋，对中国共产
党青年爱国主义"历史范畴"思想进行了内容丰富和精神弘扬。二是
对当代中国爱国主义"本质论"进行了新阐发——"坚持爱国和爱党、
爱社会主义高度统一"，丰富和深化了中国共产党关于爱国主义和无产
阶级政党、社会制度以及人民群众之间关系的思想。三是提出了当代中
国爱国主义的突出特征，倡导当代中国青年要坚持爱国情怀和世界眼光
相结合，拓宽了中国共产党青年爱国主义思想的理论视野和站位格局。
四是提出了关于青年爱国主义教育的系列论述，丰富和弘扬了中国共产
党对青年爱国主义教育的认识，增添了中国共产党青年爱国主义教育的
崭新内容，创设了中国共产党青年爱国主义教育的崭新路径。五是对中
华民族的优良爱国主义传统进行了创造性转化和创新性发展，号召青年
要尊重和传承中华民族历史和文化并从中增强民族自信心和民族自豪
感，丰富和弘扬了中国共产党从中华优秀传统文化中批判性继承爱国主

义营养的思想。

总之，新时代青年爱国主义理论坚持维护国家和民族的独立，坚持改革开放，坚持党的领导，坚持科学发展，指引着新时代的广大青年为实现中国梦和人类命运共同体贡献力量，让中国逐步"强"了起来，这既是对中国共产党青年爱国主义思想的丰富发展，又是做好新时代青年爱国主义教育的指导思想，与毛泽东思想中的青年爱国主义思想、邓小平理论中的青年爱国主义思想、"三个代表"重要思想中的青年爱国主义思想以及科学发展观中的青年爱国主义思想既一脉相承，又与时俱进，极大地丰富和弘扬了中国共产党的青年爱国主义思想。

三、创造性转化和创新性发展了中华民族爱国主义优良传统

千百年来，中华民族形成了"热爱祖国，矢志不渝；天下兴亡，匹夫有责；维护统一，反对分裂；同仇敌忾，抗御外侮"① 的爱国主义优良传统，这是支撑中华文明传承五千年而至今不衰的精神支柱，需要广大青年坚定传承和体悟践行。但是，这种传承必须伴随着创造性转化和创新性发展。因为，随着时代的发展，如果优良传统不能实现创造性的转化，那么优良传统就会因为僵化而成为历史，不会助力现实发展；如果优良传统不能实现创新性的发展，那么，优良传统就会成为过往而不会被今人特别是青年所接受和认可，进而不会走向崭新的未来。

一是新时代青年爱国主义理论与中华民族的爱国主义优良传统一脉相承。中华优秀传统文化中蕴含着丰富的爱国文化，在几千年的历史发展中，爱国精神成了民族精神的核心。中国共产党大力倡导中华优秀传

---

① 《思想道德与法治（2021 年版）》编写组. 思想道德修养与法律基础 [M]. 北京：人民出版社，2015：42-60.

统文化的创造性转化和创新性发展。习近平总书记认为，中华优秀传统文化是中华民族的"基因""文化血脉"和"精神命脉"，不但具有鲜明的民族特色，而且具有永不褪色的时代价值。在这样的认识基础上，党和国家特别是习近平总书记大力运用中华优秀传统文化中的爱国文化阐述爱国的重要价值和意义，借用中华优秀传统文化中著名的爱国故事和典故等，激发青年的爱国热情，凝聚青年的爱国力量，并且又结合新的时代背景，将中华民族爱国主义的优良传统进行契合时代需要的精神创新和话语转化。

二是在对青年爱国主义进行具体论述时，注重对中华民族优秀传统爱国思想进行创造性转化和创新性发展。"家国一体"是家国情怀认同的重要基础，支撑着中华民族形成崇尚家国大义的优良传统。对于中华儿女来说，家国情怀也是一种深层次的文化心理密码，支撑着中华儿女对国家的热爱和对家庭的眷恋。党和国家将中华优秀传统文化中的"家国一体"思想创造性转化和创新性发展为"中国梦"思想，凝聚了"家庭的前途命运同国家和民族的前途命运紧密相连"① 的价值共识，构建了国家、民族和家庭及个人之间的良性互动关系，形成了"把爱家和爱国统一起来，把实现个人梦、家庭梦融入国家梦、民族梦之中"② 的昂扬社会风气，这赋予"家国一体"思想鲜明的时代内涵，增强了号召力、动员力和凝聚力，不但促进了家庭和社会建设，而且汇聚起了千千万万个家庭同心共筑中国梦的磅礴力量。

三是将中华优秀传统文化中"天下一家""天下大同"等思想创造

---

① 习近平. 在会见第一届全国文明家庭代表时的讲话 [EB/OL]. 央视网，2016-12-12.

② 习近平. 在2018年春节团拜会上的讲话 [N]. 人民日报，2018-02-15 (2).

性转化和创新性发展为"人类命运共同体"思想，开阔了青年爱国主义的理论视野，提高了青年爱国主义的格局和站位，这是对中华民族爱国主义优秀传统创造性转化和创新性发展的经典之作。

总之，正是在对中华民族爱国主义优良传统的创造性转化和创新性的发展中，新时代青年爱国主义理论才形成了兼具历史传承和时代新貌，具有中华优秀传统文化底蕴的鲜明特色，这样的论述，在为广大青年所接受和喜爱中，成为促进治国理政、实现中华民族伟大复兴的强大精神力量，彰显了重要的理论价值。

四、为全球青年树立正确爱国观提供中国智慧

青年是世界的未来，世界各国均高度重视本国青年对国家的认同问题，均在坚定本国青年爱国主义信念问题上，投入了大量的资源，开展广泛的理论研究等。然而，爱国主义在当今世界很多国家的理论形态各不相同，既有美国优先式的爱国主义、德国宪政爱国主义、日本国家主义、韩国民族优越主义，也有经济爱国主义、文化爱国主义等，正确的爱国观也遭遇着社会现实以及各种理论和思潮的挑战，或销蚀青年的爱国思想基础，或影响青年坚定爱国主义的信念。

爱国主义不是狭隘的民族主义，不是种族、文化优越论，开放和理性的爱国主义是全球各国的共同价值观。各国青年可理直气壮地表达自己的爱国主义情感，也要相互包容和理解他国青年的爱国主义。要警惕爱国主义被误读、被污名、被妖魔化甚至走向极端民族主义的泥潭。习近平总书记曾在国际场合指出，中外青年看待世界要有平等的原则、尊重的态度和带有爱心的情感，要用欣赏、包容、互鉴的态度来看待世界上的不同文明。① 在爱国主义的范畴下进行解读，这就是，世界各国的青年要相互欣赏、包容并互鉴各国的爱国主义，因为这样才能让我们生活的这个星球变得更加美好。习近平提倡文明无高低优劣之分，在各国文明的交流互鉴中，应该遵循"对等、平等、多元、多向"的原则，而不应该是"强制的、强迫的、单一的、单向的"②，这给世界各国青年树立正确爱国观的启发是：要爱自己的祖国，同时也要以文明互鉴的心态去看待他国的爱国主义。中国共产党倡导青年在表达爱国情感和爱国行为的时候，不要停留在口号上，要落实在奉献国家、服务人民之中，体现出了"以人民为中心"的价值导向。习近平总书记还表示，中国人的爱国主义也是具有国际视野和国际胸怀的爱国主义，发展的中国将承担更多契合自身能力的国际责任和义务，贡献人类和平与发展。③虽然新时代青年爱国主义理论中的这些重要论述是主要面对中国青年提出的，但是，随着中国的发展和世界的目光越来越关注中国，新时代青年爱国主义理论势必会为全球青年树立正确的爱国观提供中国智慧，带来越来越深远和广泛的影响。

第二节　新时代青年爱国主义理论的实践价值

新时代青年爱国主义理论思想深邃、内涵丰富，既是基于中国青年爱国主义实践进行的理论创新，又指引新时代中国青年个体成长成才，

---

① 习近平. 习近平在布鲁日欧洲学院的演讲［N］. 人民日报，2014-04-02（2）.
② 习近平. 习近平谈治国理政：第三卷［M］. 北京：外文出版社，2020：469.
③ 习近平接受金砖国家媒体联合采访［N］. 光明日报，2013-03-20（1）.

指导构建青年爱国主义教育新模式，助推实现中华民族伟大复兴的"中国梦"，助力中国共产党和社会主义中国树立国际新形象，引领世界青年为构建人类命运共同体作出青春贡献等，具有重要的实践价值。

一、指引新时代中国青年成长成才

新时代青年爱国主义理论既指引青年，也成就青年。青年是国家的未来、党的未来和民族的希望。在实现中国梦的壮丽征程中，青年是生力军，是不可或缺的先锋力量，他们既面临着难得的人生际遇，也肩负着重大的历史使命，他们有着强烈的立德立功追求以实现人生价值和人生出彩的诉求，需要明确的价值导向作为灯塔，以指引成长成才的方向。

"才者，德之资也；德者，才之帅也"，习近平总书记多次引用司马光"智伯才德之论"的观点，表达出党和国家高度重视道德对青年成长成才的重要作用。那么，"生逢其时、重任在肩"的新时代青年要树立并践行什么样的道德观呢？其中重要的一条，就是要树立爱国的道德观并要以爱国为最大的道德。新时代青年爱国主义理论明确指出，爱国是一个人立德之源，这指明了爱国是立德的开始，是其他道德的道德；爱国是大德，这是相对于其他道德的重要性而言的，指明了爱国在道德体系中的重要地位，指引青年认清德之大者和小者。在回答立德和立业的关系时，新时代青年爱国主义理论指出，养大德者方可成大业，指明了只有树立爱国的大德，才能成就人生的大事业。

当今世界，青年的个人命运与祖国的命运紧密相连，荣辱与共，二者之间是一种互为支撑、双向的良性互动关系。一方面，国家提供机遇、搭建平台助力青年成长成才；另一部分，青年的成长成才也会更好地促进国家的发展。然而，近年来出现了一些诸如"爱国主义是个人利益的对立面""爱国影响个人自由"等把个人与国家对立，把国家发展与个人自由割裂的言行，甚至出现了一些只谈个人物质利益追求，不顾国家利益的人，严重影响了青年正确价值观的形成，进而对青年成长成才和国家的发展造成不利影响。基于此，新时代青年爱国主义理论倡导广大青年："只有把人生理想融入国家和民族的事业中，才能最终成就一番事业"①，为青年的成长成才指明了正确方向，指引着青年在"服务人民、奉献祖国"②的正确方向上行稳致远。艰苦的基层工作锻炼与鲜活的实践经验是青年成长成才最好的"助推剂"，习近平总书记就特别倡导广大青年"到基层和人民中去建功立业"③，这些重要论述指明了青年建功立业的爱国主义价值导向，在促进和保障青年成长成才中充分体现了新时代青年爱国主义理论的实践价值。

二、指导构建青年爱国主义教育新模式

进入新时代后，党和国家特别是习近平总书记"必须把爱国主义教育作为永恒主题"④的重要论述，指明了爱国主义教育的重要地位；在落实爱国主义教育的路径上，他还指出了"要把爱国主义教育贯穿

---

① 习近平．给北京大学学生回信勉励当代青年　勇做走在时代前面的奋进者开拓者奉献者［N］．人民日报，2013-05-05（1）．
② 习近平．给河北保定学院西部支教毕业生群体代表的回信［N］．人民日报，2014-05-04（1）．
③ 习近平．给河北保定学院西部支教毕业生群体代表的回信［N］．人民日报，2014-05-04（1）．
④ 习近平．大力弘扬伟大爱国主义精神　为实现中国梦提供精神支柱［N］．人民日报，2015-12-31（1）．

国民教育和精神文明建设全过程"①；在具体的爱国主义教育方式方法上，提出了"丰富内容、创新载体、增强效果"②的工作要求，这为做好青年爱国主义教育、指导构建青年爱国主义教育新模式提出了新要求，指明了新方向。在具体针对青年的爱国主义教育中，习近平总书记提出的关于广大青少年要"培养爱国之情、砥砺强国之志、实践报国之行"③连同"青年要练就过硬本领"的系列论述，为构建"知—信—能—行"的新时代青年爱国主义教育模式指明了方向。指引我们，应建立"爱国情感、爱国志向、爱国之能、爱国之行"的爱国主义教育新模式，并从这些主要环节着手，形成"输入—内化—输出"的爱国主义教育推进体系，使爱国主义在新时代广大青年心中不但潜移默化、落地生根，而且能内化于心、外化于行。

新时代青年爱国主义理论中关于如何做好青年爱国主义教育的重要论述，把握住了青年爱国主义教育的三个维度。一是在时空维度上，把握住"两个大局"的世情和国情新特点，教育引领广大青年在"伟大复兴"和"百年未有之变"中，要保持爱国主义的战略定力，要强化身份意识、增强国家认同，要坚定跟党走，为实现中国梦贡献青春力量。二是在内容维度上，坚持用科学并富有时代特色的爱国理论武装青年头脑，教育广大青年爱国要与中国梦同心同向，要坚持爱国和爱党、爱社会主义高度统一，要兼具民族性和世界性，将自身命运与国家命运

---

① 习近平. 大力弘扬伟大爱国主义精神 为实现中国梦提供精神支柱［N］. 人民日报，2015-12-31（1）.
② 习近平. 大力弘扬伟大爱国主义精神 为实现中国梦提供精神支柱［N］. 人民日报，2015-12-31（1）.
③ 习近平. 大力弘扬伟大爱国主义精神 为实现中国梦提供精神支柱［N］. 人民日报，2015-12-31（1）.

结合、与世界和人类未来发展相结合，极具情怀感和崇高感。三是在主体维度上，形成学校、家庭和社会共同育人的格局，构建爱国主义教育主体合力。在学校主体中，要加强教师队伍建设，让有爱国情怀的人讲爱国；在社会主体中，全社会都要注意营造爱国主义教育的良好氛围等；在家庭主体中，要强化家庭参与，推动家长在言传身教中使爱国主义思想深入青少年心灵并代代相传。

新时代青年爱国主义理论为构建青年爱国主义教育新模式指明方向的重要成果就是《新时代爱国主义教育纲要》。《新时代爱国主义教育纲要》专门制定了对青少年进行爱国主义教育的具体举措：一是在充分发挥课堂教学的主渠道作用中做好青年爱国主义教育。二是在办好学校思想政治理论课中引导学生树立国家意识、增进爱国情感。三是组织推出针对青年年龄和成长阶段特点的爱国主义精品出版物，让广大青年自觉接受爱国主义熏陶等。

新时代青年爱国主义理论包含爱国主义教育的重要价值、主要内涵、践行路径、方法载体等内容，深刻地回答了"青年为什么要爱国""用什么样的爱国主义教育广大青年""广大青年怎么样践行爱国主义""青年爱国主义教育的方式方法"等系列问题，在为构建青年爱国主义教育新模式指明方向中体现了其重要的实践价值。

三、助推实现中华民族伟大复兴的"中国梦"

实现中国梦是当代青年爱国主义的时代主题，要激发广大青年的力量为之奋斗和奉献，这其中，就要特别重视激发青年的精神力量。新时代青年爱国主义理论从本质上来说是一种精神力量，对于青年具有极大的号召力、凝聚力和动员力。我们知道，精神在一定条件下可以转化为物质，良好的精神状态，是做好一切工作的重要前提，这启发我们，在实现中国梦的壮丽征程中，要重视精神的力量特别是青年追梦和圆梦的精神状态。可以认为，青年具有高度的爱国热情，中国梦的实现就具有了更大的可能性；青年具有奋斗、实干的爱国行动，中国梦的实现就具有了更快的速度性和更高的质量性。

青年的力量和作用是非常巨大的。从历史追溯、现实考量和未来着眼，在实现中华民族伟大复兴的征程中，中国青年始终是爱国、救国、报国的先锋力量。正如习近平指出的，五四运动以来的 100 年，是中国青年用青春之我创造青春之中国、青春之民族的 100 年①，深刻指明了青年对于国家和民族的巨大贡献，而支撑青年对国家和民族作出巨大贡献的，离不开家国情怀这个巨大的精神力量。在党领导人民进行革命、建设、改革的伟大历史进程中，涌现出一代代的青年爱国英雄：伟大的革命领袖如毛泽东、周恩来、邓小平；光荣的英雄烈士如杨靖宇、陈树湘、刘胡兰、邱少云、黄继光等，他们立定爱国志向、为国献出生命、做出爱国行动、为国作出贡献的时候，都是在青年时期。正是因为有了无数个这样青年英雄的爱国奋斗和牺牲奉献精神，才有了中华民族加速迈向伟大复兴的无穷驱动力。

当前，我国身处离实现中华民族伟大复兴目标最近的历史时期，这也是最紧要、最吃紧的历史关头，需要用科学的爱国主义理论来凝聚和激发广大青年的爱国情和报国行，以更好地贡献中国梦美好目标的实现。新时代青年爱国主义理论描绘了实现中国梦的美好前景，体现了对青年的高度重视和信任，给予青年巨大的信任感、责任感和使命感，激发着青年内心深处的精神力量，支撑着青年在为国家和人民作出贡献中

---

① 在纪念五四运动 100 周年大会上的讲话［N］. 人民日报，2019-05-01（2）.

实现人生价值，是凝聚和引领广大青年爱国奋斗的精神纽带，因此，对于指引中国青年投身民族复兴，助推实现"中国梦"具有重要的实践价值。

四、助力中国共产党和社会主义中国树立国际新形象

在百年未有之大变局的复杂世界形势下，在中华民族迈向伟大复兴的壮丽征程中，中国共产党和实行社会主义制度的中国面临着种种挑战和考验。其中一个严峻的挑战，就是如何应对西方资本主义国家及反华势力包括一些西方媒体等为遏制中国崛起而制造的重重障碍。而他们遏制中国的一个重要手法，就是抹黑中国共产党和社会主义中国的形象。

究其原因，西方国家及媒体刻意打压、抹黑中国的根源是：一是在政治制度和意识形态层面，随着中国道路的国际声誉和影响范围不断扩大，美国等西方国家担心中国实行的社会主义制度展示出比资本主义制度更大的优越性，从而心生忌惮。二是在经济科技层面，近年来，美国仍未能从国际金融危机导致的经济衰退中全面恢复，特别是在抗击新冠肺炎疫情中的无力表现，更是导致其经济衰退和全球领导力的相对下降；而中国则保持经济持续快速发展，连续 10 余年稳居世界第二大经济体，被美国视为首要威胁和最大战略竞争者，并发动了中美贸易战，刻意打压中国的华为等高科技企业，试图防止中国在经济结构转型和科技发展上对美国造成威胁。三是在社会文化层面，西方国家认为中国的崛起所带来的中华文明的再度复兴必然会挑战"西方文明中心论"，对于美国来讲，崛起的中国在一定程度上"瓦解了美国一直以来所制定

的'唯一正确标准'"①；因而会影响西方国家追逐国际市场剩余价值和经济霸权、政治霸权的既得利益。

一个政党和国家的良好国际形象关乎国际地位的提升和国际话语权的增强，也关乎国内民众对政党和国家政体的认同等。因此，我们必须要主动作为，在国际上树立中国"文明大国、东方大国、负责任大国和社会主义大国"②的国际新形象，这既是澄清误解的需要，又是为了更好地发展自身，实现伟大梦想的必须，还是更好地走近世界舞台中央并为人类作出更大贡献的必要。新时代青年爱国主义理论对于助力中国共产党和社会主义中国树立国际新形象具有重要作用，主要体现在，一是倡导青年爱祖国和爱人民的统一，向世界彰显了中国共产党"以人民为中心"的人民情怀，特别是党和国家激发青年爱国热情，投身并全面建成小康社会的伟大成就，有力地破除了中国共产党"专制暴政论""强权作风"等错误思潮和论调，树立了中国共产党亲民富民的国际新形象。二是倡导青年的爱国主义要以中国梦为主题和价值导向，要坚持爱国和爱社会主义相统一，宣示了中国走社会主义道路和平崛起的决心以及和世界一起圆梦的合作共赢发展理念，既不是世界秩序的破坏者，也不是世界隐患，更不是"国强必霸"的世界威胁。三是倡导青年的爱国主义既立足于民族，又面向世界，要为人类命运共同体作出贡献，这种对青年爱国主义的国际胸怀和人类情怀的价值导向，超越了意识形态的对立，追求人类总体和长远利益，昭示了中国共产党为世界谋大同的高远情怀。可喜的是，中国共产党也用实际行动赢得了一些西方

---

① 人民论坛"特别策划"组. 美国抹黑中国的动因及逻辑［J］. 人民论坛，2020（16）：10-11.

② 习近平. 建设社会主义文化强国 着力提高国家文化软实力［N］. 人民日报，2014-01-01（1）.

学者的认可。例如，随着美国的专家学者对中国共产党的更多关注和研究，他们也越来越高度肯定"中国共产党领导人对国家和人民的责任意识……"①

　　总之，新时代青年爱国主义理论是应对长期以来一些西方国家、学界和媒体刻意抹黑社会主义中国和中国共产党形象的有力武器，不仅在国际上树立了中国共产党和社会主义中国的新形象，而且为中国赢得更好的国际发展空间，更好地走近世界舞台中央，为人类作出更大的贡献奠立了基础，具有重要的当代价值。

五、引领世界青年为人类命运共同体贡献青春力量

　　在新时代青年爱国主义理论体系中，实现中华民族伟大复兴的中国梦是当代中国青年爱国主义的鲜明主题。从宏观来看，中国梦是和平崛起的伟大梦想，不仅仅是国家梦、民族梦，而且是合作共赢实现世界各国美好梦想的梦，是美美与共贡献人类命运共同体的梦；不仅仅是中国青年的梦，还是世界青年的梦。新时代青年爱国主义理论引领中国青年树立和中国梦同心同向的理想信念并为之贡献青春力量，同时，也引领世界其他国家的青年，增加对人类命运共同体的理性认同和实践自觉。

　　从中国梦和世界梦的关系纬度，习近平总书记指出："中国梦是奉献世界的梦。"在中国青年爱国主义助推下即将实现的中国梦，本身就是对世界梦的一种贡献。中国是世界上最大的发展中国家，中国的发展是世界发展的重要一部分，因此，中国实现自己的梦想，就是世界实现梦想的重要一部分，就是对世界最大的贡献。中国以地球五分之一人口

---

①　薛念文，孙健. 近年来美国学者对中国共产党的肯定性评价越来越多 [J]. 红旗文稿，2017（19）：8-10.

规模实现全民族复兴，创造了人类发展史上前所未有的奇迹。显然，中国梦会给并且已经给全球带来了巨大影响：中国在 2020 年的时候，已经全面建成小康社会，开启了全面建设社会主义现代化国家的新征程，这不仅是 1840 年鸦片战争后中国历史的巨大变化，也是近百年来世界历史的重大变迁；中国自 1978 年改革开放以来，保持了经济快速增长的奇迹，而自 2013 年开始的新一轮全面深化改革则为实现中国梦再次加油助力，成为推动世界发展的新力量；中国梦激发千万人民的创新创业热情，推动了世界创新创造的又一场革命；中国提出的"一带一路"倡议，把沿线数十个国家的发展联系在一起，给世界带来巨大的发展机遇和红利，为人类命运共同体作出巨大的中国贡献；中国梦带来的是"和平崛起"的新模式，走出了一条现代化的新道路，彰显了中国共产党执政的新境界，必将创造历史的新希望。而中国梦背后的重要支撑或重要推动力量——青年的爱国主义，在实现中国梦并为构建人类命运共同体的"世界梦"作出中国贡献的过程中，也体现了其重要的世界意义和价值，这是因为：一方面，中国梦背后的支撑或推动力量——青年的爱国主义，打消了世界各国对中国梦成为"霸权梦"的担忧和顾虑。因为从中国梦实现动力的角度来看，中国梦的实现靠的是中国人民包括广大青年的爱国奋斗和牺牲奉献而不是传统大国崛起的侵略和掠夺；另一方面，中国青年爱国主义的目标不是追求中国的一家独大和威胁他国，而是世界各国的共同发展与和平共处。虽然当今世界面临复杂而又深刻的百年之变，但和平、发展、合作、共赢的时代潮流没有变，这个潮流的价值导向，与党和国家倡导的中国青年爱国主义的价值导向是高度契合的，这也充分彰显了新时代青年爱国主义理论的当代价值。

新时代青年爱国主义理论具有重要的当代价值还体现在：青年受什

么样的爱国主义影响，用什么样的爱国主义理念指引自己同外国青年的交流和交往，在很大程度上会影响各国民众对青年所代表国家的情感和行为，会影响国家和国家之间的关系和交往，进而会对世界的和平和发展产生重要的影响。从人口、面积、综合国力等方面来衡量，中国不仅仅是东方世界最主要的国家，中国自身的和平与发展对世界有着至关重要的影响。自古以来，中国就有崇尚和平的优良传统，高度推崇"以和为贵""和谐共生""和而不同""美美与共""天下大同"等价值理念。新中国成立以来，中国一直坚持和平共处五项原则，遵循"和平崛起"发展战略，与世界各国和平相处，平等交往，互惠互利，为世界的和平与发展作出了巨大贡献。进入新时代以来，中国更是在国际舞台上也发挥着越来越重要的影响力，为世界提供了众多的中国智慧、中国方案、中国力量和中国贡献。面临新时代的新任务和百年未有之大变局的世界局势，新时代青年爱国主义理论倡导的是立足于民族、保家卫国的爱国主义，同时是倡导面向于世界、贡献人类的爱国主义，具有爱国主义和国际主义相统一的理论特质。这样的爱国主义，遵循的是和平、合作、共赢的理念而不是"国强必霸"的逻辑；是欢迎世界各国搭乘中国便车的爱国主义，而不是狭隘的民族主义和单边主义；是要促进世界各国的共同发展，共建持久和平美丽世界的爱国主义，不是中国发展好了要威胁到别人。因此，新时代青年爱国主义理论引领了包含中国青年在内的世界各国青年为构建人类命运共同体、为维护世界和平与发展作出贡献，促进了中国梦和世界梦的同频共振和互通共融，具有重要的实践价值。

结　论

　　新时代青年爱国主义理论是以习近平同志为核心的党中央治国理政思想的理论创新，是马克思主义青年爱国主义思想中国化的最新理论成果，是加强新时代青年爱国主义教育必须坚持和贯彻落实的行动指南，对于全面建设社会主义现代化国家，实现中国式现代化和中国梦的伟大目标具有非常重要的作用。在中国特色社会主义进入新时代的历史时期，新时代青年爱国主义理论指引着青年增强爱国情、坚定强国志、提升爱国能、实践报国行，为顺利实现第一个百年目标提供了巨大的精神动能；对国家和民族而言，指引着广大青年为国家强盛和民族复兴而拼搏奉献，为实现中国梦提供了强大的精神支柱；对世界而言，指引着广大青年为构建人类命运共同体贡献青春智慧和力量，彰显了宏大的理论视野和博大的人类情怀；同时，也为我国新时代思想政治工作增添了崭新内容，为新时代青年爱国主义教育工作提供了理论遵循和实践指导。本书力求系统梳理和完整构建，在对新时代青年爱国主义理论的主要内容、基本特征和当代价值进行考察后，得出几点结论，希望能够给当前青年爱国主义建构工作些许添益。

一、只要民族国家还是世界政治单位的基本单元，就要始终注重青年爱国主义建构工作

根据马克思"世界历史"的观点，无论现在是顺流还是逆流，全球化始终是世界发展的主流和总趋势。因为全球化的刺激，爱国主义在一些国家和地区出现了不同程度的增强趋势，一些激进青年甚至信奉极端民族主义理论，采取的一些不理智爱国行为和措施，对地区乃至世界的和平和发展造成了巨大危害。对于我们国家自身而言，正确的爱国理论能帮助青年廓清认知、激发斗志，促进国家的繁荣和稳定，而错误的爱国理论能销蚀青年的思想基础，甚至对国家和民族的根本利益造成巨大破坏。因此，习近平总书记指出，要把爱国主义教育摆在更加突出的位置，爱国主义教育的重点是广大青少年。他还针对"反全球化""狭隘民族主义"等错误认知和思潮，提出了很多关于青年爱国主义的新思想和新论断，指引着青年在弘扬中华优秀传统文化中增强民族自豪感和民族自信心，在与祖国共奋进中增强做一个中国人的骨气、底气和志气，结合其他相关论述，系统、全面地回答了"青年为什么要爱国""青年爱国主义的时代内涵""青年爱国主义的实践路径"等基本问题。在全球化时代，民族国家依然是世界政治单位中的基本单元，这决定了爱国主义绝不会随着全球化时代的来临和深入发展而退出人类历史舞台，因此，要始终注重对青年爱国主义的建构工作，培养一代又一代爱国爱党爱社会主义的有能有为青年，投身国家建设和发展，维护国家独立和民族尊严。

二、随着时代的发展变迁，要不断增强青年爱国主义建构与时代主题和社会历史条件的契合性

青年爱国主义建构是一项以青年为对象的工作和实践，它要根据当前青年所处的社会历史条件来进行。经过改革开放几十年的发展，中国顺利实现"和平崛起"。然而，中国还处在社会主义初级阶段，诸多方面尚存在发展不平衡不充分的问题，需要继续激发广大青年的爱国先锋力量，为实现不同时期的强国目标而奋斗奉献。当中国发展处在离实现中国梦最近的历史时期，以习近平同志为核心的党中央适时地提出"中国梦"的伟大目标，激励着广大青年勇于追梦并勤于圆梦；当中华民族伟大复兴必须坚持中国共产党的领导，中国共产党用"全面加强党的领导"来加强党的自身建设，引领广大青年矢志听党话、跟党走，增强"四个自信"，进而"坚持爱国和爱党、爱社会主义高度统一"；当贫困问题影响着"中国梦"伟大目标的实现，中国共产党用"担当民族复兴大任的时代新人"育人目标，激励广大青年在脱贫攻坚的广阔天地里，定义自己的辉煌青春。作为一项以青年为对象的工作和实践，青年爱国主义建构又要根据青年的特点来进行。党和国家还根据青年的身心发展特征和性格爱好特点，提出了青年爱国要"到实践中"去，对青年开展爱国主义宣传教育时不仅要做到"深入、持久"更要做到"生动"，要充分应用网络和现代信息传媒的新艺术形式进行青年爱国主义教育等关于青年爱国主义建构的系列论述。可见，新时代青年爱国主义建构应该顺天应时，根据社会历史条件和青年自身的客观条件而开展，既不能超越历史阶段，又不能脱离青年特点。

三、青年爱国主义的建构要前瞻性地关照国家、民族和世界发展的未来

根据新时代青年爱国主义理论，青年爱国主义建构的目的不仅仅是"培养担当民族复兴大任的时代新人"，还必须坚持立足民族又面向世界，在推动构建人类命运共同体、贡献人类文明发展进步中发挥积极作用。人类命运共同体理念与共产主义理想是在不同历史条件下提出的先进理念，两者在基因追溯、内核要义及价值旨趣方面具有同根、同质和同向的内在同构性①，可以认为，习近平总书记提出的人类命运共同体理念与共产主义理想的最终目的都是为了人的美好未来。因此，青年爱国主义建构要前瞻性地关照国家、民族和世界发展的未来，培养既有家国情怀又有世界胸怀，能够促进国家、民族、世界未来发展的人才。为此，党和国家提出，弘扬爱国主义精神要善于从不同文明中寻求智慧、汲取营养②，这指引着新时代中国青年要树立开阔的全球视野，在东西文明互鉴中汲取智慧营养、提升爱国本领，在更高站位上思考国家和世界问题，努力提升胸怀格局，将自身未来和发展与国家、民族和人类命运紧密相连。

本书在一定程度上拓宽了研究视野，进行了一定的理论建构，取得了些许的研究成果。然而，该理论研究也不可避免地存在着遗憾和不足：一方面，理论需要随着实践的需求变化而不断创新。随着时代条件和世界形势的发展变化，青年的爱国主义也会不断地出现新情况，产生新问题，党和国家对青年爱国主义问题的认识也将继续深化和发展，因

---

① 邹玉. 人类命运共同体理念与共产主义理想的同构性论析 [J]. 江苏省社会主义学院学报，2020，21 (6)：50.

② 习近平. 大力弘扬伟大爱国主义精神 为实现中国梦提供精神支柱 [N]. 人民日报，2015–12–31 (1).

此，作为一个开放的理论体系，新时代青年爱国主义理论也必将进一步深化和发展，期待各位专家学者不断进行深入研究，启发和指导本书在今后不断充实和完善这一理论体系；另一方面，受学术能力和研究条件所限，本书在更加精准、全面、深入地把握新时代青年爱国主义理论的基本特征和当代价值方面尚有差距，恳请各位专家学者批评指正。

参考文献

一、著作

[1] 肖锋. 十年百战亲历记 [M]. 福州：福建人民出版社，1983.

[2] 毛泽东. 毛泽东选集：第一卷 [M]. 北京：人民出版社，1991.

[3] 毛泽东. 毛泽东选集：第二卷 [M]. 北京：人民出版社，1991.

[4] 毛泽东. 毛泽东选集：第三卷 [M]. 北京：人民出版社，1991.

[5] 毛泽东. 毛泽东选集：第四卷 [M]. 北京：人民出版社，1991.

[6] 国家教委思想政治工作司. 青年学概论 [M]. 北京：高等教育出版社，1992.

[7] 习近平. 摆脱贫困 [M]. 福州：海峡出版发行集团，福建人民出版社，1992.

[8] 邓小平. 邓小平文选：第一卷 [M]. 北京：人民出版社，1993—1994.

[9] 邓小平. 邓小平文选：第二卷 [M]. 北京：人民出版社，1993—1994.

[10] 邓小平. 邓小平文选：第三卷 [M]. 北京：人民出版社，

1993—1994.

[11] 中共中央马克思恩格斯列宁斯大林著作编译局. 马克思恩格斯全集: 第35卷 [M]. 北京: 人民出版社, 1995.

[12] 张鹏. 毛泽东的爱国情怀 [M]. 北京: 中央文献出版社, 1998.

[13] 梁启超全集: 第一册 [M]. 北京: 北京出版社, 1999.

[14] 共青团中央, 中共中央文献研究室. 毛泽东邓小平江泽民论青少年和青少年工作 [M]. 北京: 中央文献出版社, 中国青年出版社, 2000.

[15] 中共中央文献研究室. 江泽民论有中国特色社会主义 (专题摘编) [M]. 北京: 中央文献出版社, 2002.

[16]《习仲勋革命生涯》编辑组. 习仲勋革命生涯 [M]. 北京: 中共党史出版社, 中国文史出版社, 2002.

[17] 陈嬿如. 让高尚成为自然: 爱国主义教育效果研究 [M]. 厦门: 厦门大学出版社, 2005.

[18] 江泽民. 江泽民文选: 第一卷 [M]. 北京: 人民出版社, 2006.

[19] 江泽民. 江泽民文选: 第二卷 [M]. 北京: 人民出版社, 2006.

[20] 江泽民. 江泽民文选: 第三卷 [M]. 北京: 人民出版社, 2006.

[21] 习近平. 之江新语 [M]. 杭州: 浙江人民出版社, 2007.

[22] 习近平. 干在实处 走在前列: 推进浙江新发展的思考与实践 [M]. 北京: 中共中央党校出版社, 2006.

［23］赵馥洁，段建海，董小龙．中华民族爱国主义史论［M］．北京：中国社会科学出版社，2008.

［24］中共中央马克思恩格斯列宁斯大林著作编译局．马克思恩格斯文集：第2卷［M］．北京：人民出版社，2009.

［25］中共中央文献研究室．十五大以来重要文献选编（上）［M］．北京：中央文献出版社，2011.

［26］中共中央文献研究室．十六大以来重要文献选编（上）［M］．北京：中央文献出版社，2011.

［27］中共中央文献研究室．十六大以来重要文献选编（中）［M］．北京：中央文献出版社，2011.

［28］张维为．中国震撼：一个"文明型国家"的崛起［M］．上海：世纪出版集团，上海人民出版社，2011.

［29］张维为．中国触动：百国视野下的观察与思考［M］．上海：世纪出版集团，上海人民出版社，2012.

［30］中共中央马克思恩格斯列宁斯大林著作编译局．列宁选集：第1卷［M］．北京：人民出版社，2012.

［31］中共中央马克思恩格斯列宁斯大林著作编译局．列宁选集：第2卷［M］．北京：人民出版社，2012.

［32］中共中央马克思恩格斯列宁斯大林著作编译局．列宁选集：第3卷［M］．北京：人民出版社，2012.

［33］中共中央马克思恩格斯列宁斯大林著作编译局．列宁选集：第4卷［M］．北京：人民出版社，2012.

［34］中共中央马克思恩格斯列宁斯大林著作编译局．马克思恩格斯选集：第1卷［M］．北京：人民出版社，2012.

［35］中共中央马克思恩格斯列宁斯大林著作编译局．马克思恩格斯选集：第2卷［M］．北京：人民出版社，2012.

［36］中共中央马克思恩格斯列宁斯大林著作编译局．马克思恩格斯选集：第3卷［M］．北京：人民出版社，2012.

［37］中共中央马克思恩格斯列宁斯大林著作编译局．马克思恩格斯选集：第4卷［M］．北京：人民出版社，2012.

［38］中共中央文献研究室．十七大以来重要文献选编（上）［M］．北京：中央文献出版社，2013.

［39］《习仲勋传》编委会．习仲勋传（上卷）［M］．北京：中央文献出版社，2013.

［40］《习仲勋传》编委会．习仲勋传（下卷）［M］．北京：中央文献出版社，2013.

［41］林泰．问道：改革开放以来的社会思潮与青年思想政治教育研究［M］．北京：中国社会科学出版社，2013.

［42］习近平．在纪念孔子诞辰2565周年国际学术研讨会暨国际儒学联合会第五届会员大会开幕会上的讲话［M］．北京：人民出版社，2014.

［43］中共中央党史研究室．历史是最好的教科书——学习习近平同志关于党的历史的重要论述［M］．北京：中共党史出版社，2014.

［44］张瑞敏．爱国主义六论［M］．北京：人民出版社，2014.

［45］曲建武．大学生理性爱国研究［M］．大连：大连海事大学出版社，2014.

［46］张维为．中国超越：一个"文明型国家"的光荣与梦想［M］．上海：世纪出版集团、上海人民出版社，2014.

［47］中共中央文献研究室．邓小平文集（一九四九—一九七四年）（下卷）［M］．北京：人民出版社，2014．

［48］中共中央文献研究室．十八大以来重要文献选编（上）［M］．北京：中央文献出版社，2014．

［49］中共中央文献研究室．十八大以来重要文献选编（中）［M］．北京：中央文献出版社，2014．

［50］中共中央文献研究室．十八大以来重要文献选编（下）［M］．北京：中央文献出版社，2018．

［51］习近平．习近平谈治国理政：第一卷［M］．北京：外文出版社，2014．

［52］习近平．习近平谈治国理政：第二卷［M］．北京：外文出版社，2017．

［53］习近平．习近平谈治国理政：第三卷［M］．北京：外文出版社，2020．

［54］郝幸艳．毛泽东与青年［M］．北京：中国社会科学出版社，2015．

［55］曲建武，吴云志，赵冰梅，等．高校辅导员工作中涉及社会思潮相关问题研究［M］．大连：辽宁师范大学出版社，2015．

［56］鄢一龙，白钢，章永乐，等．大道之行：中国共产党与中国社会主义［M］．北京：中国人民大学出版社，2015．

［57］人民日报评论部．习近平用典［M］．北京：人民日报出版社，2015．

［58］左丘明．中国史学要籍丛刊［M］．上海：上海古籍出版社，2015．

[59]《思想道德与法治（2021年版）》编写组.思想道德修养与法律基础［M］.北京：人民出版社，2015.

[60] 习近平.知之深 爱之切［M］.石家庄：河北人民出版社，2015.

[61] 郑必坚.中国新觉醒［M］.上海：人民出版社，2015.

[62] 郭广银.社会主义核心价值观研究丛书（爱国篇）［M］.南京：江苏人民出版社，2015.

[63] 胡锦涛.胡锦涛文选：第一卷［M］.北京：人民出版社，2016.

[64] 胡锦涛.胡锦涛文选：第二卷［M］.北京：人民出版社，2016.

[65] 胡锦涛.胡锦涛文选：第三卷［M］.北京：人民出版社，2016.

[66] 楼宇烈.中国文化的根本精神［M］.北京：中华书局，2016.

[67] 蔡中华，潘静.新时期爱国主义教育研究［M］.北京：中国社会科学出版社，2016.

[68] 人民日报评论部.习近平讲故事［M］.北京：人民出版社，2017.

[69] 中共中央马克思恩格斯列宁斯大林著作编译局.列宁全集：第26卷［M］.北京：人民出版社，2017.

[70] 中共中央马克思恩格斯列宁斯大林著作编译局.列宁全集：第34卷［M］.北京：人民出版社，2017.

[71] 中共中央马克思恩格斯列宁斯大林著作编译局.列宁全集：第35卷［M］.北京：人民出版社，2017.

［72］中共中央马克思恩格斯列宁斯大林著作编译局．列宁全集：第41卷［M］．北京：人民出版社，2017．

［73］中央党校采访实录编辑室．习近平的七年知青岁月［M］．北京：中共中央党校出版社，2017．

［74］中央党校中国特色社会主义理论体系研究中心．十三个如何看待：习近平总书记在全国党校工作会议上提出的十三个普遍关注的问题解读［M］．北京：中共中央党校出版社，2017．

［75］庞士让．论爱国主义［M］．北京：人民出版社，2018．

［76］董向前，万海霞．社会主义核心价值观视域下爱国主义教育研究［M］．长春：东北师范大学出版社，2018．

［77］曹国强．弘扬爱国奋斗精神建功立业新时代若干问题解析［M］．北京：人民东方出版传媒，东方出版社，2018．

［78］中共中央党史和文献研究室．十九大以来重要文献选编（上）［M］．北京：中央文献出版社，2019．

［79］温静．中国共产党爱国主义思想史略［M］．北京：人民出版社，2019．

［80］中央党校采访实录编辑室．习近平在正定［M］．北京：中共中央党校出版社，2019．

［81］中央党校采访实录编辑室．习近平在厦门［M］．北京：中共中央党校出版社，2020．

［82］中央党校采访实录编辑室．习近平在宁德［M］．北京：中共中央党校出版社，2020．

［83］中央党校采访实录编辑室．习近平在福州［M］．北京：中共中央党校出版社，2020．

[84]《习近平与大学生朋友们》编写组.习近平与大学生朋友们 [M].北京:中国青年出版社,2020.

[85]《思想道德与法治(2021年版)》编写组.思想道德与法治 [M].北京:高等教育出版社,2021.

二、译著

[86] 杜威.民主主义与教育 [M].王承绪,译.北京:人民教育 出版社,1990.

[87] 阿德勒,范多伦.西方思想宝库 [M].北京:中国广播电视 出版社,1991.

[88] 布热津斯基.大失控与大混乱 [M].潘嘉玢,刘瑞祥,译. 北京:中国社会科学出版社,1995.

[89] 汤林森.文化帝国主义 [M].冯建三,译.上海:上海人民 出版社,1999.

[90] 亨特.意识形态与美国外交政策 [M].褚律元,译.北京: 世界知识出版社,1999.

[91] 格罗斯.公民与国家——民族、部族和部族身份 [M].王建 娥,魏强,译.北京:新华出版社,2003.

[92] 史密斯.民族主义:理论,意识形态,历史 [M].叶江, 译.上海:上海世纪出版集团,2006.

[93] 贝克.什么是全球化? 全球主义的曲解:应对全球化 [M]. 常和芳,译.上海:华东师范大学出版社,2008.

[94] 亨廷顿.文明的冲突与世界秩序的重建 [M].周琪等,译. 北京:新华出版社,2009.

［95］雅克．当中国统治世界：中国的崛起和西方世界的衰落［M］．张莉，刘曲，译．北京：中信出版社，2010.

［96］吉登斯．全球时代的民族国家：吉登斯演讲录［M］．郭忠华，译．南京：江苏人民出版社，2010.

［97］米勒．宪政爱国主义［M］．邓晓菁，译．北京：商务印书馆，2012.

［98］福山．历史的终结与最后的人［M］．陈高华，译．桂林：广西师范大学出版社，2014.

［99］杜兰特，杜兰特著．历史的教训［M］．倪玉平，张阅，译．成都：四川人民出版社，2015.

［100］维罗里．关于爱国［M］．潘亚玲，译．上海：上海人民出版社，2016.

［101］科克-肖·谭．没有国界的正义：世界主义、民族主义与爱国主义［M］．杨通进，译．上海：上海人民出版社，2016.

三、期刊

［102］用我校的光荣革命传统对青年学生进行爱国主义教育［J］．高校战线，1983（6）.

［103］朱兆中．爱国主义内涵探要［J］．南京师大学报（社会科学版），1991（1）.

［104］陈德安．儒家大同思想的历史影响和现代意义［J］．山西师大学报（社会科学版），1993（1）.

［105］杜爱森，冀伦文．爱国主义教育要着重培养四个意识［J］．思想教育研究，1996（1）.

［106］胡江滨．论爱国主义内涵的历史发展［J］．江汉论坛，1996（10）．

［107］戴素芳．论邓小平对毛泽东爱国主义思想的继承和发展［J］．求索，2000（5）．

［108］朱炳元．"三个代表"重要思想与爱国主义［J］．毛泽东邓小平理论研究，2002（4）．

［109］佘双好．正确理解爱国主义及其特征［J］．思想理论教育导刊，2003（1）．

［110］宫志峰．主题 主线 主渠道：关于大学生思想政治教育问题［J］．山东师范大学学报（人文社会科学版），2004（5）．

［111］杨军，梅荣政．把握爱国主义内涵 弘扬爱国主义精神［J］．思想理论教育导刊，2004（12）．

［112］傅晓宇，王海稳．多维视野中的爱国主义内涵［J］．理论月刊，2004（12）．

［113］潘亚玲．爱国主义与民族主义辨析［J］．欧洲研究，2006（4）．

［114］姚念龙．论全球化背景下的青年爱国主义教育［J］．中国青年研究，2006（7）．

［115］朱桂莲．毛泽东爱国主义教育思想的理论特色［J］．理论月刊，2007（1）．

［116］杨业华．江泽民爱国主义思想探析［J］．思想理论教育导刊，2007（5）．

［117］周玲．试析中华民族精神的价值取向［J］．毛泽东邓小平理论研究，2009（3）．

[118] 李绍元，杨平. 新时代的新爱国主义 [J]. 云南社会科学，2010（1）.

[119] 杨发航. 新时期影响爱国主义的主要社会思潮辨析 [J]. 新视野，2010（2）.

[120] 吴潜涛，杨峻岭. 列宁爱国主义思想探析 [J]. 马克思主义研究，2010（7）.

[121] 梁柱. 论爱国主义与中国特色社会主义 [J]. 贵州师范大学学报（社会科学版），2011（2）.

[122] 吴潜涛，杨峻岭. 全面理解爱国主义的科学内涵 [J]. 高校理论战线，2011（10）.

[123] 刘树宏. 试论列宁的青年共产主义理想信念教育思想：读《共青团的任务》有感 [J]. 思想教育研究，2011（12）.

[124] 刘建军. 论经济全球化时代的爱国主义 [J]. 教学与研究，2012（4）.

[125] 白显良，黄蓉生. 马克思恩格斯的青年思想及其当代启示 [J]. 西南大学学报（社会科学版），2013（5）.

[126] 崔健. 转向与重构：20世纪80年代以来青年爱国主义观念的演变轨迹 [J]. 西南大学学报（社会科学版），2014（2）.

[127] 刘建军. 论爱国主义与社会主义在当代中国的内在关联 [J]. 思想理论教育，2014（4）.

[128] 蒋笃君. 新自由主义思潮对大学生的影响及对策 [J]. 思想理论教育导刊，2014（10）.

[129] 何小英，李晓衡，苏美玲. 论高校思想政治理论课与大学生"中国精神"培育 [J]. 思想理论教育导刊，2015（5）.

[130] 陈春莲，陈蕾．西方"普世价值"思潮对我国当代大学生的影响及对策研究 [J]．思想理论教育导刊，2015（5）．

[131] 张彩云．论爱国主义精神在实现和促进多党合作中的基础性作用 [J]．湖南省社会主义学院学报，2015，16（5）．

[132] 庄娜．当今日本青年"民族主义"及"保守化"的问题所在 [J]．中国青年研究，2015（12）．

[133] 管春英．新时期社会主义爱国观的内涵及培育 [J]．学校党建与思想教育，2015（19）．

[134] 阮宗泽．人类命运共同体：中国的"世界梦" [J]．国际问题研究，2016（1）．

[135] 辛向阳．习近平爱国主义思想探析 [J]．中共杭州市委党校学报，2016（1）．

[136] 李爱敏．"人类命运共同体"：理论本质、基本内涵与中国特色 [J]．中共福建省委党校学报，2016（2）．

[137] 柴宝勇，付瑞智．论习近平五位一体的青年成长观 [J]．中国青年社会科学，2016（2）．

[138] 温静．论爱国主义在中华民族精神中的核心地位 [J]．马克思主义研究，2016（2）．

[139] 左鹏．当代中国需要弘扬什么样的爱国主义精神？ [J]．红旗文稿，2016（3）．

[140] 韩喜平，周颖．习近平关于青年成长思想研究 [J]．思想教育研究，2016（3）．

[141] 代玉启．论青年思想政治教育核心内容的认知误区：青年爱国的若干误区评析 [J]．继续教育研究，2016（4）．

[142] 王泽应. 命运共同体的伦理精义和价值特质论 [J]. 北京大学学报（哲学社会科学版），2016，53（5）.

[143] 沈德艳，李进，程斌. 新媒体视阈下大学生爱国主义教育创新机制 [J]. 中州大学学报，2016，33（6）.

[144] 黄蓉生，石海君. 党的十八大以来习近平青年论述浅析 [J]. 思想教育研究，2016（8）.

[145] 黄星清. 妖魔化爱国主义的几个错误论调 [J]. 人民论坛，2016（22）.

[146] 刘建军. "爱国"与"爱国主义"概念辨析——兼谈深化爱国主义研究的路径与要求 [J]. 思想理论教育，2016（9）.

[147] 佘双好，陈君. 科学认识爱国主义的内涵和特征 [J]. 思想理论教育导刊，2016（10）.

[148] 吴林龙. 新形势下民众在爱国问题上的误区及应对原则 [J]. 社会主义核心价值观研究，2017，3（2）.

[149] 吴海江，包炜杰. 全球化时代大学生爱国主义教育的话语创新 [J]. 思想理论教育，2017（2）.

[150] 李琼. 新形势下大学生爱国主义教育的有效路径 [J]. 思想理论教育导刊，2017（4）.

[151] 田永秀，朱利. 老科学家的爱国观探析及启示 [J]. 西南交通大学学报（社会科学版），2017，18（4）.

[152] 宋婧琳，张华波. 国外学者对"人类命运共同体"的研究综述 [J]. 当代世界与社会主义，2017（5）.

[153] 李士峰. 习近平关于青年发展的四维审视 [J]. 中国青年社会科学，2017，36（5）.

［154］吴灿新．爱国主义是国家凝聚力的精神核心［J］．伦理学研究，2017（6）．

［155］杨晓慧．习近平青年价值观教育思想论要［J］．马克思主义研究，2017（11）．

［156］王秀敏．论新时期大学生爱国主义教育的科学内涵及实践策略［J］．继续教育研究，2017（12）．

［157］薛念文，孙健．近年来美国学者对中国共产党的肯定性评价越来越多［J］．红旗文稿，2017（19）．

［158］张春枝．习近平青年工作思想探究［J］．中南民族大学学报（人文社会科学版），2018，38（1）．

［159］韩宪洲．习近平青年观探析［J］．北京联合大学学报（人文社会科学版），2018，16（1）．

［160］倪邦文．用党的十九大精神推动新时代青年工作新发展［J］．中国青年社会科学，2018，37（1）．

［161］王泽应．习近平新时代爱国主义思想研究［J］．伦理学研究，2018（2）．

［162］赵华珺，刘建军．人类命运共同体视野下爱国主义的创新发展［J］．中共杭州市委党校学报，2018（2）．

［163］张小枝，王泽应．习近平新时代爱国主义及其理论贡献［J］．上海师范大学学报（哲学社会科学版），2018，47（3）．

［164］寇清杰，高莉娟．习近平青年观的思想传承与时代意蕴［J］．马克思主义理论学科研究，2018，4（3）．

［165］薛传佳．厘清关于爱国主义的几个认识误区［J］．人民论坛，2018（5）．

［166］蔡中华，潘静．新时代爱国主义思想的鲜明主题、重要特征与实践向度［J］．社会主义核心价值观研究，2018，4（5）．

［167］倪邦文．科学内涵、时代价值与理论品格——论习近平总书记关于青年工作的重要思想［J］．中国青年社会科学，2018，37（5）．

［168］侯惠勤．习近平新时代中国特色社会主义思想的哲学意蕴［J］．马克思主义研究，2018（5）．

［169］赵开开，聂家华．习近平新时代爱国主义思想研究［J］．华侨大学学报（哲学社会科学版），2018（6）．

［170］刘勇．走出爱国主义的认识误区［J］．人民论坛，2018（16）．

［171］赵华珺．以互联网思维加强青年爱国主义教育［J］．人民论坛，2018（24）．

［172］蓝汉林，钟超，闫雨露．习近平关于青年爱国主义教育论述研究［J］．浙江工业大学学报（社会科学版），2019，18（2）．

［173］张慧敏，曲建武．列宁爱国主义思想及当代启示［J］．思想政治教育研究，2019（4）．

［174］赵丽涛．"后真相"时代青年网络爱国主义教育的挑战与应对［J］．中国青年研究，2019（5）．

［175］黄世虎，张子悦．新时代青年爱国主义教育：逻辑、原则与路径［J］．中国青年研究，2019（5）．

［176］沈东．冲击与回应：新时代青年理性爱国主义的"社会化"转向［J］．中国青年研究，2019（5）．

［177］阮博．爱国主义视域下青年"精日"现象论析［J］．中国

青年研究, 2019 (5).

[178] 曲建武. 切实抓好大学生社会主义核心价值观教育 [J]. 东北师大学报（哲学社会科学版）, 2019 (6).

[179] 马润凡. 全球化与爱国主义认同 [J]. 中州学刊, 2019 (8).

[180] 刘建军. 厚植爱国主义情怀的理论阐释 [J]. 思想理论教育, 2019 (9).

[181] 李基礼. 新时代坚持爱国主义的若干思考 [J]. 思想理论教育导刊, 2019 (10).

[182] 王建国, 赵亚楠. 新时代爱国主义的时代主题、基本内涵和践行路径——学习习近平总书记关于爱国主义的重要论述 [J]. 当代世界社会主义问题, 2020 (1).

[183] 徐国亮, 邓海龙. 新时代青年爱国主义教育的四重维度 [J]. 马克思主义理论学科研究, 2020, 6 (1).

[184] 章凤红, 宋广强. 重大疫情挑战下加强爱国主义教育的意义、要求及其实现路径 [J]. 社会主义核心价值观研究, 2020, 6 (2).

[185] 孙芳. 新时代爱国主义教育应辨析的四个认识误区 [J]. 社会主义核心价值观研究, 2020, 6 (2).

[186] 蔡中华. 五四纪念：青年爱国主义教育的重要载体 [J]. 北京青年研究, 2020, 29 (2).

[187] 周少青. 论两个共同体理念的世界意义 [J]. 西北民族研究, 2020 (2).

[188] 虞崇胜. 主持人语：赋予全球化时代爱国主义新内涵 [J].

云南行政学院学报，2020（3）.

[189] 刘建军，梁祯婕.论爱国主义的"硬核力量"[J].理论与改革，2020（3）.

[190] 潘静.习近平关于爱国主义的重要论述：基本视域、时代内涵与重大意义[J].社会主义核心价值观研究，2020，6（4）.

[191] 余莉.新时代加强青年学生爱国主义教育的四个着力点[J].思想理论教育导刊，2020（4）.

[192] 刘铭，康秀云.网络爱国主义的逻辑、困境与有效引导[J].思想理论教育，2020（4）.

[193] 卢杨，段旭东.新时代青年爱国主义教育及其实践[J].当代青年研究，2020（5）.

[194] 荣开明.新时代爱国主义的生成逻辑、基本内涵和实践路径：学习习近平总书记关于新时代爱国主义的重要论述[J].学习论坛，2020（11）.

[195] 姚晓娜.国家荣誉制度与新时代爱国主义教育[J].思想理论教育，2020（11）.

[196] 袁自煌.上好新时代爱国主义教育大课的三重维度[J].中国高等教育，2020（12）.

[197] 田旭明.习近平关于家国情怀重要论述的精髓要义[J].马克思主义研究，2020（12）.

[198] 人民论坛"特别策划"组.美国抹黑中国的动因及逻辑[J].人民论坛，2020（16）.

[199] 盛春.加强青年大学生爱国主义教育[J].红旗文稿，2020（18）.

[200] 林于良，杨渝玲．论新时代青年爱国主义教育的实践理路 [J]．学校党建与思想教育，2020（22）．

[201] 彭雪华，崔发展．人类命运共同体理念对马克思世界历史理论的创造性发展 [J]．人民论坛，2020（33）．

[202] 郑洁，李晏沄．新时代青年爱国主义教育面临的挑战及对策 [J]．学校党建与思想教育，2021（1）．

[203] 隋牧蓉．精神优势：中国共产党的百年爱国主义 [J]．北京工业大学学报（社会科学版），2021，21（2）．

[204] 曲建武，张慧敏．论发挥传统和现代节日的爱国主义涵育功能 [J]．思想理论教育导刊，2021（2）．

[205] 程瑾涛．美国主流媒体中的中国国家形象：基于《纽约时报》的涉华舆情研究 [J]．情报杂志，2021，40（11）．

四、报纸

[206] 吴潜涛．爱国主义精神是公民道德建设的旗帜 [N]．中国教育报，2004-10-28．

[207] 习近平与青年代表座谈要求大家培养作风增长才干 [N]．解放日报，2007-04-30．

[208] 浙江省委书记习近平为杭州高校学生作报告 [N]．浙江日报，2007-06-21．

[209] 曹普，韩玉瑜．马克思主义理论宝库中的爱国主义 [N]．北京日报，2009-06-09．

[210] 习近平．在中央党校建校80周年庆祝大会暨2013年春季学期开学典礼上的讲话 [N]．人民日报，2013-03-03（2）．

［211］习近平接受金砖国家媒体联合采访［N］. 光明日报，2013-03-20（1）.

［212］习近平. 在同各界青年优秀代表座谈时的讲话［N］. 人民日报，2013-05-05（2）.

［213］习近平. 给北京大学考古文博学院二〇〇九级本科团支部全体同学的回信［N］. 人民日报，2013-05-05（1）.

［214］习近平. 在欧美同学会成立100周年庆祝大会上的讲话［N］. 人民日报，2013-10-22（2）.

［215］习近平. 给华中农业大学"本禹志愿服务队"的回信［N］. 人民日报，2013-12-06（1）.

［216］习近平. 建设社会主义文化强国 着力提高国家文化软实力［N］. 人民日报，2014-01-01（1）.

［217］习近平. 在中法建交50周年纪念大会上的讲话［N］. 人民日报，2014-03-29（2）.

［218］习近平. 在布鲁日欧洲学院的演讲［N］. 人民日报，2014-04-02（2）.

［219］习近平. 给河北保定学院西部支教毕业生群体代表的回信［N］. 人民日报，2014-05-04（1）.

［220］习近平. 在中国国际友好大会暨中国人民对外友好协会成立60周年纪念活动上的讲话［N］. 人民日报，2014-05-16.

［221］习近平回信勉励"南京青奥会志愿者"用青春激情打造最美"中国名片"［N］. 光明日报，2014-07-17.

［222］习近平. 在纪念中国人民抗日战争暨世界反法西斯战争胜利69周年座谈会上的讲话［N］. 人民日报，2014-09-04.

[223] 习近平. 做党和人民满意的好老师：同北京师范大学师生代表座谈时的讲话 [N]. 人民日报, 2014-09-10（2）.

[224] 习近平. 在颁发"中国人民抗日战争胜利70周年"纪念章仪式上的讲话 [N]. 人民日报, 2015-09-03（2）.

[225] 习近平. 共倡开放包容 共促和平发展：在伦敦金融城市长晚宴上的演讲 [N]. 人民日报, 2015-10-23.

[226] 习近平. 大力弘扬伟大爱国主义精神 为实现中国梦提供精神支柱 [N]. 人民日报, 2015-12-31（1）.

[227] 习近平. 在网络安全和信息化工作座谈会上的讲话 [N]. 人民日报, 2016-04-26（2）.

[228] 习近平. 在知识分子、劳动模范、青年代表座谈会上的讲话 [N]. 人民日报, 2016-04-30.

[229] 习近平. 在庆祝中国共产党成立95周年大会上的讲话 [N]. 人民日报, 2016-07-02.

[230] 习近平. 在中国政法大学考察时的讲话 [N]. 人民日报, 2017-05-04（2）.

[231] 习近平对黄大年同志先进事迹作出重要指示 [N]. 人民日报, 2017-05-26（1）.

[232] 习近平. 给第三届中国"互联网+"大学生创新创业大赛"青年红色筑梦之旅"的大学生的回信 [N]. 人民日报, 2017-08-16.

[233] 习近平. 决胜全面建成小康社会 夺取新时代中国特色社会主义伟大胜利：在中国共产党第十九次全国代表大会上的报告 [N]. 人民日报, 2017-10-28（1）.

[234] 国际智库研讨会热议：中国发展将深刻影响世界 [N]. 人

民日报海外版，2017-11-17.

[235] 习近平. 携手建设更加美好的世界：在中国共产党与世界政党高层对话会上的主旨讲话 [N]. 人民日报，2017-12-02.

[236] 习近平. 在 2018 年春节团拜会上的讲话 [N]. 人民日报，2018-02-15（2）.

[237] 习近平. 在北京大学师生座谈会上的讲话 [N]. 人民日报，2018-05-03（2）.

[238] 习近平. 坚持中国特色社会主义教育发展道路 培养德智体美劳全面发展的社会主义建设者和接班人：在全国教育大会上的讲话 [N]. 人民日报，2018-09-11.

[239] 习近平. 在纪念五四运动 100 周年大会上的讲话 [N]. 人民日报，2019-04-30（2）.

[240] 习近平. 在全国民族团结进步表彰大会上的讲话 [N]. 光明日报，2019-09-28（2）.

[241] 习近平. 在国家勋章和国家荣誉称号颁授仪式上的讲话 [N]. 人民日报，2019-09-30.

[242] 刘刚. 奏响新时代奋进的青春旋律：重温习近平总书记在上海工作期间对青年工作的指示 [N]. 中国青年报，2019-09-30.

[243] 习近平. 在庆祝中华人民共和国成立 70 周年大会上的讲话 [N]. 人民日报，2019-10-02.

[244] 张朝晖. 着力健全青年志愿服务体系 [N]. 中国青年报，2019-11-26（7）.

[245] 习近平. 在"不忘初心、牢记使命"主题教育总结大会上的讲话 [N]. 新华网，2020-01-08.

[246] 习近平.在企业家座谈会上的讲话 [N].人民日报,2020-07-22.

[247] 习近平.在纪念中国人民抗日战争暨世界反法西斯战争胜利 75 周年座谈会上的讲话 [N].人民日报,2020-09-04.

[248] 习近平.在全国抗击新冠肺炎疫情表彰大会上的讲话 [N].人民日报,2020-09-09.

[249] 习近平.在科学家座谈会上的讲话 [N].人民日报,2020-09-12.

[250] 习近平.在纪念中国人民志愿军抗美援朝出国作战 70 周年大会上的讲话 [N].人民日报,2020-10-24.

[251] 中共中央关于制定国民经济和社会发展 第十四个五年规划和二〇三五年远景目标的建议 [N].人民日报,2020-11-04（1）.

[252] 习近平.在全国劳动模范和先进工作者表彰大会上的讲话 [N].人民日报,2020-11-25（2）.

[253] 崔菁颖.以"四史"为有效载体加强爱国主义教育 [N].辽宁日报,2020-12-08（5）.

[254] 习近平.在全国脱贫攻坚总结表彰大会上的讲话 [N].人民日报,2021-02-26（2）.

[255] 习近平在清华大学考察时强调:坚持中国特色世界一流大学建设目标方向为服务国家富强民族复兴人民幸福贡献力量 [N].人民日报,2021-04-20（1）.

[256] 习近平.在庆祝中国共产党成立 100 周年大会上的讲话 [N].人民日报,2021-07-02（2）.

[257] 习近平.高举中国特色社会主义伟大旗帜 为全面建设社会

主义现代化国家而团结奋斗：在中国共产党第二十次全国代表大会上的报告［N］．人民日报，2022-10-26（1）．

五、其他文献

［258］常青．全球化视野下公民爱国意识培育研究［D］．武汉大学，2012．

［259］郭苗苗．新时代爱国主义思想研究［D］．辽宁大学，2020．

［260］薛文杰．中国和平崛起视野下的爱国主义教育研究［D］．中国矿业大学，2013．

［261］赵华珺．新时代中国爱国主义及其实践研究［D］．东北师范大学，2020．

［262］朱琳．全球化背景下的爱国主义研究［D］．西南财经大学，2012．

［263］胡锦涛．把亿万青年的力量凝聚到深化改革、加快发展上来，努力培养和造就跨世纪的一代新人［EB/OL］．中国共青团网，2006-12-20．

［264］胡锦涛．在北京大学师生代表座谈会上的讲话［EB/OL］．中央政府门户网站，2008-05-04．

［265］胡锦涛．在同中国农业大学师生代表座谈时的讲话［EB/OL］中央政府门户网站，2009-05-02．

［266］胡锦涛．在纪念中国共产主义青年团成立90周年大会上的讲话［EB/OL］．中新网，2012-05-04．

［267］外国政要对习近平的15个评价［EB/OL］．人民网，2014-12-05．

［268］习近平．永远是黄土地的儿子［EB/OL］．人民网-时政频道，2015-02-14．

［269］习近平在宁德，有个青年工作记事［EB/OL］．中国青年网，2015-05-04．

［270］习近平与宁德师专学生的一席谈［EB/OL］．中国青年网，2015-05-04．

［271］习近平．在会见第一届全国文明家庭代表时的讲话［EB/OL］．央视网，2016-12-15．

［272］了解一个国家及其领袖的窗口：美国书展内外热议《习近平谈治国理政》［EB/OL］．新华网，2015-05-29．

［273］习近平总书记曾经怎样给高校学生作形势报告？［EB/OL］．人民网，2015-08-07．

［274］"习大大"昵称叫响在中国红火在海外［EB/OL］．央广网，2015-09-15．

［275］张仕荣．美国政要眼中习近平的执政风格［EB/OL］．人民网，2015-09-28．

［276］柯岩．外国政要和媒体眼中的习近平：人类命运共同体理念反映了发展中国家的心愿［EB/OL］．人民网，2016-01-07．

［277］柯岩．外国政要和媒体眼中的习近平：具有爱国主义和忠于信仰的基因［EB/OL］．人民网，2016-01-11．

［278］常红，徐祥丽，姚雪．习近平提出"人类命运共同体"重大意义之二：中国方案推动全世界［EB/OL］．人民网-国际频道，2018-01-25．

［279］卢泽华．这本书，全世界都在学习［EB/OL］．人民网-人

民日报海外版, 2018-01-29.

[280] 习近平. 为实现民族伟大复兴 推进祖国和平统一而共同奋斗 [EB/OL]. 新华网, 2019-01-02.

[281] 习近平寄语南开师生：只有把小我融入大我，才会有海一样的胸怀，山一样的崇高 [EB/OL]. 新华网, 2019-01-18.

[282] 加强新时代爱国主义教育 凝聚奋进新时代实现民族复兴的磅礴伟力：中央宣传部负责人就《新时代爱国主义教育实施纲要》答记者问 [EB/OL]. 中国政府网, 2019-11-12.

[283] 习近平. 向全国各族青年致以节日的祝贺和诚挚的问候 [EB/OL]. 中国新闻网, 2020-05-03.